KB005806

유럽여행 5

1판 1쇄 2018년 2월 15일

저   자 Mr. Sun 어학연구소
펴 낸 곳 OLD STAIRS
출판 등록 2008년 1월 10일 제313-2010-284호
이 메 일 oldstairs@daum.net

가격은 뒷면 표지 참조
ISBN 978-89-97221-64-6

유럽여행

5
English
Français
Español
Italiano
Deutsch

목차
Table of contents

발음
Pronunciation

1 큰 글씨, 작은 글씨

큰 글씨는 크게, 작은 글씨는 작고 짧게 읽습니다.

■ 작은 글씨는 목소리의 떨림을 사용하지 않는 무성음을 의미하기도 합니다.

영어

I don't understand.
아이 더운트 언더「스탠드.
나 부정 이해하다.

이탈리아어

Non capisco.
논 카삐스코.
(나) 부정 이해하다.

독일어

Ich verstehe nicht.
이히 페「어슈테에 니히트.
나 이해하다 부정.

2 위첨자

위첨자 f, r, v 등의 알파벳은 무시하셔도 좋습니다.
만약 f, r, v 표시를 발음하고 싶다면,
다음의 차이를 연습해 주세요.

f	파	윗입술과 아랫입술이 만나 소리를 냅니다.
	파ᶠ	윗입술 대신 윗니와 아랫입술이 만나 소리를 냅니다.

r	라ʳ	혀끝이 살짝 말릴 뿐. 입천장에 닿지 않습니다.

v	바	윗입술과 아랫입술이 만나 소리를 냅니다.
	바ᵛ	윗입술 대신 윗니와 아랫입술이 만나 소리를 냅니다.

영어

I have a fever.
아이 해브ᵛ 어 피ᶠ이버ʳ.
나 가지고 있다 하나의 열.

프랑스어

J'ai de la fièvre.
줴 드 을라 피ᶠ에브흐.
나는 ~ 가지고 있다 ~의 그 열.

스페인어

Tengo fiebre.
뗑고 피ᶠ에브레.
(나) 가지고 있다 열.

프랑스어
알파벳과 발음

알파벳과 함께 쓰는 **세 가지 종류의 기호**

É 악썽 (ㄸ)에귀 accent aigu

Ê 악썽 씨흐꽁플렉스 accent circonflexe

È 악썽 그하브ⱽ accent grave

모음 위에 붙여주는 것들은 악썽이라고 합니다.
악썽은 여러 가지 강세를 표시하는 역할을 합니다. *초급 단계에서는 자세히 배우지 않습니다.

Ç 쎄디유 cédille

C에는 특별한 꼬리를 달아주기도 하는데 이를 쎄디유라 부릅니다.
항상 모음 앞의 C에 사용되고, 이때 발음은 S로 변합니다.

Ë 트헤마 (분음부호) tréma

쌍점은 트헤마(분음부호)라고 부르는데,
각각의 모음을 개별적으로 소리 나게 합니다.
ex) *mais* [메] : 그러나 *maïs* [메이스] : 옥수수

영어와 **다른 발음의 자음들**

R 에흐

ㅎ로 표시하지만, ㅎ과 달리 기도를 좁혀
살짝 떨리는 소리를 만들어냅니다.

Chou à la crème 슈크림
슈 아 울라 크헴

L 엘   LL 두브르엘

영어의 L, 혹은 Y처럼 발음합니다.
*두브르엘의 경우도 이와 같습니다.

Soleil 해   Papillon 나비
솔레이유   빠삐용

CH 쎄+아쉬

영어의 SH처럼 발음합니다.

Chandelier 촛대, 샹들리에
샹들리에

GN 제+엔

GN은 N만 발음합니다. N은 우리말 ㄴ처럼
발음하고, 영어의 NY처럼 발음합니다.

Champagne 샴페인
샹빠뉴

H
아쉬

소리를 내지 않습니다. 무조건 묵음

Silhouette 윤곽
씰루에뜨

W
두블르 베V

영어의 W, 혹은 V처럼 발음합니다.

Week-end 위껜드 주말
Wagon 바V공 객차

Ç
쎄디유

ㅆ처럼 발음합니다.

Gar**ç**on 소년
갸흐쏭

C
쎄

ㅅ, 혹은 ㄲ 발음이 납니다.
* C + 자음, a, o, u는 ㄲ로, C + e, i, y는 ㅆ로 발음

Va**c**an**c**es 휴가
바V껑스
Ac**c**ent 악센트
악썽

X
익쓰

영어의 Z, 혹은 S처럼 발음합니다.

Si**x** 6(숫자)
씨쓰
Si**x**ième 6번째
씨지엠

S
에스

영어의 S처럼 발음되나 앞뒤로 모음이
올 경우, 영어의 Z와 같이 발음됩니다.
* 단어 끝에 오는 S는 발음하지 않습니다.

Mai**s**on 집
메종
Souri**s** 쥐
쑤히

N
엔
M
엠

각각 영어의 N, M처럼 발음하지만
모음 뒤에서는 옹처럼 콧소리를 냅니다.

Vi**n** 포도주
방V
Co**m**plet 완전한
꽁쁠레

K
꺄
Q
큐

영어에서는 ㅋ으로 발음하지만
프랑스어에서는 ㄲ으로 발음합니다.

Kilo 킬로
낄로
Question 질문
께스띠옹

P
뻬

영어에서는 ㅍ으로 발음하지만
프랑스어에서는 ㅃ으로 발음합니다.

Page 페이지
빠쥬

T
떼

영어에서는 ㅌ으로 발음하지만
프랑스어에서는 ㄸ으로 발음합니다.

Tortue 거북이
또흐뛰

프랑스어의 모음의 발음은 **불규칙적**이다.

프랑스어의 모음은 매우 불규칙적이기 때문에 영어와 같은지 다른지를 구분하는 것조차
큰 의미가 없습니다. 따라서 한 번에 배우려 들기보다는 단어와 문장을 하나씩 접하면서
익숙해지는 것이 더 좋은 방법입니다. 아래의 예시들은 그나마 기억해둘 만한 모음과 그
조합의 발음 몇 가지를 모은 것입니다.

아이
voyage
부v아이야쮸 여행

위
tu
뛰 너

오아
moi
모아 나

외
bleu
블뢰 푸른

위
essuyer
에쒸이예 닦다

에
mai
메 5월

외
soeur
쐬흐 여동생

에
beige
베쥬 베이지색

에이
crayon
크레용 연필

Liaison [리에종] 연음이란?

서로 다른 두 개의 소리가 만났을 때,
**두 소리가 서로 영향을 받아 발음이 조금씩 바뀌는 것을
'연음'이라고 합니다.**

우리말로 예를 들어 볼게요.
'낡았어'라는 말을 소리 내어 말할 때, 보통은 [날가써]라고 발음하지요.
프랑스어에서는 위처럼 필수적인 경우 외에
선택적인 상황에서도 연음 현상이 나타납니다.

~연음   ~연음
Vous êtes de bons élèves.
너희들은 훌륭한 학생이야.

* 연음으로 읽을 때
  [부v (ㅈ) 에뜨 드 봉 (ㅈ) 엘레브v]

* 연음하지 않고 읽을 때
  [부v   에뜨 드 봉   엘레브v]

※ 프랑스어에서는 원래 단어 끝의 자음은 생략하고 발음합니다.
  하지만 단어가 문장 속에서 다른 단어들,
  특히나 모음으로 시작하는 단어와 함께 쓰일 경우에는
  생략된 자음(Vous)의 발음이 다시 살아납니다.
  그리고 그것을 뒤 단어 맨 앞의 모음(êtes)과 연결하여 발음하는 것입니다.

스페인어
알파벳과 **발음**

영어보다 **된 발음**의 자음들

Q ㄲ
Quesadilla
께싸디야 퀘사디아

S ㅆ
Sangría
쌍그리아 샹그리아

K ㄲ
Vod**k**a 보드카
보드까

T ㄸ
Tango 탱고
땅고

P ㅃ
Pájaro 새
빠하로

Z ㅆ
Zapato 신발
싸빠또

C ㄲ ㅆ
Gra**c**ias 감사합니다
그라씨아쓰
Cebolla 양파
쎄보야

영어와 **다른 발음**의 자음들

특수기호 중에는 자주 사용되지는 않지만,
Ü도 있습니다. **U** 위에 점을 두 개 찍은
모양이죠? 이 경우 '우' 발음을 꼭 하고
지나가라는 뜻인데, 사용되는 단어가 많지
않습니다.
ex) *Cigüeña* [씨구에냐] : 황새

Ñ 엔녜

Ñ는 우리말의 ㄴ처럼 발음하고,
영어의 **NY**처럼 발음합니다.
Ñ는 스페인어에만 존재하는
독특한 알파벳입니다.

Españ**ol** 스페인 사람
에쓰빠뇰

R
에르~에

스페인어의 R을 여러 번 빠르게 반복하듯이
혀를 떨어서 발음합니다.
RR은 R보다 조금 더 길게 발음하면 됩니다.

Perro 개
뻬르~오

L
엘레

L이 하나 있으면
영어의 L과 비슷하게 발음합니다.
하지만 LL은 LY처럼 발음합니다.

Quesadilla 퀘사디아
께싸디야

J
호따

J는 영어와는 다르게 ㅎ으로 발음합니다.

Jalapeño 할라피뇨
할라뻬뇨

H
아체

H는 항상 발음하지 않습니다.

Hospital 병원
오스삐딸

G
헤

G는 때로는 ㄱ으로,
때로는 ㅎ으로 발음합니다.
뒤에 어떤 음소가 오는지에
따라 발음이 달라집니다.

G+자음

G 이후에 자음이 나오면
ㄱ으로 발음합니다.

Grasa 기름
그라싸

G+E

G와 E가 결합되면
헤 발음이 납니다.

Ángel 천사
앙헬

G+I

G와 I가 결합되면
히 발음이 납니다.

Girasol 해바라기
히라쏠

G+UE

G와 UE가 결합되면
게 발음이 납니다.

Hamburguesa 햄버거
암부르게사

G+UI

G와 UI가 결합되면
기 발음이 납니다.

Guitarra 기타
기따르~아

이탈리아어
알파벳과 **발음**

단일한 발음의 **모음들**

F	ㅍ	Famiglia 가족 파'밀랴
P	ㅃ	Pinguino 펭귄 삔귀노
Q	ㄲ	Quadro 액자 꽈드로
S	ㅅ	Sabbia 모래 사삐아
T	ㄸ	Tigre 호랑이 띠그레
V	ㅂᵛ	Vasca 욕조 바ᵛ스카
H	∅	Habitat 습성 아비따ㄸ

외래어에 사용하는 **J, K, X, Y** 역시 발음이 거의 바뀌지 않습니다.

J	ㅈ	Jeans 청바지 진ㅅ
K	ㅋ	Kaki 카키색 카키
X	ㅅ	Xeno 제논 (원소) 쎄노
Y	ㅇ	Yo-yo 요요 여여

다양한 발음의 **모음들**

| E | 에 애 | Elefante 코끼리 엘레판'떼 | Elfo 요정 앨포f |
| O | 오 어 | Ombrello 천장 옴브랠로 | Porta 문 뻐르따 |

같은 자음의 연속

다음 두 경우는 발음이 조금 강해집니다.

Ff, Vv ㅍ ㅂᵛ

Soffitto 천장
소피ᶠ또

Avviso 경고
아비ᵛ소

다음의 경우는 강한 떨림을 만듭니다.

Rr ㄹ~ + ㄹ

Arrivo 도착
아르~리보ᵛ

Birra 맥주
비르~라

다음 네 경우는 발음이 확연하게 강해집니다.

Zz ㅉ **Gg** ㅉ **Ss** ㅆ **Bb** ㅃ

Pizza 피자
삐짜

Maggio 5월
마쬬

Rosso 빨간색
로쏘

Pubblico 대중
뿌쁠리코

다양한 발음의 **자음들**

다음의 문자들은 각각 두 가지씩의 발음을 가지고 있습니다.
단어에 따라 발음이 불규칙적으로 변화하기 때문에 발음을 예측하기 어렵습니다.

Z ㅈ ㅊ

Zaino 배낭
자이노

Polizia 경찰
뽈리치아

W ㅂ ㅇ

Wafer 웨이퍼 과자
바ᵛ페ᶠ르

Whisky 위스키
위스키

둘 이상의 알파베또의 **조합**

G는 다음의 경우에 본연의 소리를 잃어버리고, 뒤따르는 문자의 소리에 동화됩니다.
따라서, 뒤따르는 문자가 두 번 반복되는 것과 같은 소리가 납니다.

Gn ㄴ	**Gli** ㄹ
Montagna 산 몬딴냐	Bottiglia 표 빌래또

Ca, Co, Cu ㅋ

Caldo 더위 칼도   Collo 목 컬로   Scusi 실례합니다 스쿠시

Ga, Go, Gu ㄱ

Gallo 수탉 갈로   Gomma 껌,지우개 곰마   Gusto 맛 구스또

Zi 지 치	**Ch** ㄲ ㅋ
Zio 삼촌 지오 spazio 공간 스빠치오	Chi 누군가 끼 Perché 왜냐하면 뻬르케
Ce, Ci ㅊ	**Ge, Gi** ㅈ
Cena 저녁 체나 Ciao 안녕 차오	Genio 천재 재뇨 Giallo 노란색 쟐로

알파벳과 발음

움라우트 Umlaut 변모음을 만드는 특수기호

다음은 '움라우트'가 붙은 모음들입니다.
움라우트가 각각의 모음을 변화시키는 방향은 일정하지 않습니다.

# Ä 애	# Ö 외	# Ü 위
A에 움라우트가 붙으면 아보다 애에 가까운 소리가 납니다.	혀는 애라고 말한 채, 입술로는 오라고 말합니다.	혀는 이라고 말한 채, 입술로는 우라고 말합니다.
Mädchen 소녀 매디히엔	**Öffnen** 열다 외프ᶠ낸	**Parfüm** 향수 퍼퓜ᶠ

새롭게 **배워야하는** 발음의 글자들

독일어의 2중 모음은 원래 각각의 모음을 차례차례 말하면 되지만,
아래 세 경우는 발음이 엉뚱하게 변화합니다.

# EI 아이	# EU 오이	# ÄU 오이
Ei 계란 아이	**Freund** 남자친구 프ᶠ로인트	**Fräulein** 아가씨 프ᶠ로일라인

독일어에만 있는 독특한 글자

ß 에스쩻트

SS와 같은 ㅆ 소리입니다.

Straße 거리
슈트라쎄

ß[에스쩻트]는 독일어에만 있는 독특한 글자입니다.
오래전 독일에서는 **S**가 두 번 연속되어 **SS**가 되는 경우 **ß**[에스쩻트]를 사용해야만 했습니다.
하지만 지금은 단어에 따라 나뉘어 쓰입니다.
또 어떤 단어들은 ß[에스쩻트]와 SS가
모두 허용되기도 합니다.

새롭게 **배워야하는** 발음의 글자들

S 에스

보통 ㅅ과 ㅈ의 중간 발음이지만, 단어마다 다릅니다. 그래서 ㅅ, ㅈ 중 어느 하나의 소리에 가깝게 발음되는 경우도 있습니다.

Situation 상황
시투아치온

D 데

ㄷ 발음이지만, ㅌ으로 발음 되는 경우도 있습니다. 맨 끝에 사용될 때, 혹은 nd의 조합일 때 ㅌ으로 발음합니다.

Diesel 디젤   **Mond** 달
디젤   몬트

H 하

ㅎ 발음이지만, 모음 뒤에 사용되면 대부분 묵음이 되면서 모음을 길게 말해줍니다.

Ohrring 귀걸이
오어링

J 요트

J는 자음으로 분류되지만 소리는 마치 모음인 것처럼 들립니다.

Jacke 자켓
약케

R 에어흐

독일어의 R 발음은 혀 끝이 아닌 혀 뒤와 목젖이 떨리면서 울리는 소리입니다. 영어식 R 발음은 독일어에는 없습니다.

Frucht 과일
푸루흐트

W 베ᵛ

영어의 V처럼 발음하지만, 외래어인 경우는 해당 외래어의 W 발음을 따릅니다.

Waffel 와플
바ᵛ플ᶠ

V 파우

영어의 F처럼 발음하지만, 외래어인 경우 해당 외래어의 V 발음을 따릅니다.

Vater 아버지   **Visum** 비자
파터   비ᵛ줌

CH 체,하

C와 H가 연속되면 보통 ㅎ으로 발음됩니다. 외래어일 때 해당 외래어의 발음이 납니다.

Milch 우유   **Chor** 합창단
밀히   코어

18

Z
쩨트

ㅉ 발음이 납니다.

Zucker 설탕
쭈커

IG
이,게

단어가 IG로 끝나면 히라고 발음됩니다.

Honig 벌꿀
호니히

PF
페,에프ᶠ

P는 거의 묵음처럼 살짝 발음한 후
F를 주된 발음으로 말합니다.

Pfeffer 후추
ㅍ페ᶠ퍼ᶠ

QU
쿠,우

Q와 U는 대부분 함께 등장합니다.
ㅋㅂᵛ라고 발음합니다.

Qualität 품질
크발ᵛ리태트

SP
에스,페

S와 P가 연속되면 슈프라고 발음합니다.

Spielzeug 장난감
슈피일쯔이그

ST
에스,테

S와 T가 연속되면 슈트라고 발음합니다.

Stäbchen 젓가락
슈탭히엔

Y
입실론

첫 글자로 등장할 땐 j 발음,
중간에 등장할 땐 유+이 발음입니다.
Y는 독일어의 모음 중에서
유일하게 두 개의 소리를 갖습니다.

Symptom 증세
쉼톰

Yoghurt 요구르트
요구어트

Airport check-in process

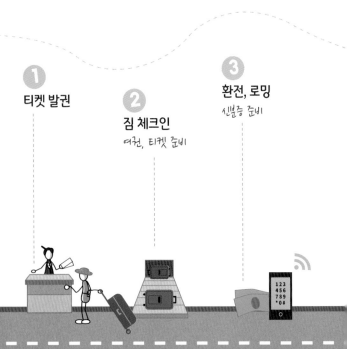

티켓 발권

짐 체크인
여권, 티켓 준비

환전, 로밍
신분증 준비

6 남는 시간 동안...

외부 면세점 면세품 수령 및
내부 면세점 쇼핑

5 출국장 입장

심사
여권준비

7 게이트 도착

여유 있게 도착

4 출국장 입장

보안검색대
음료 반입 ×
주머니 속 금속 ×

DUTY FREE

GATE 12

출입국신고서 · 세관신고서
작성하기

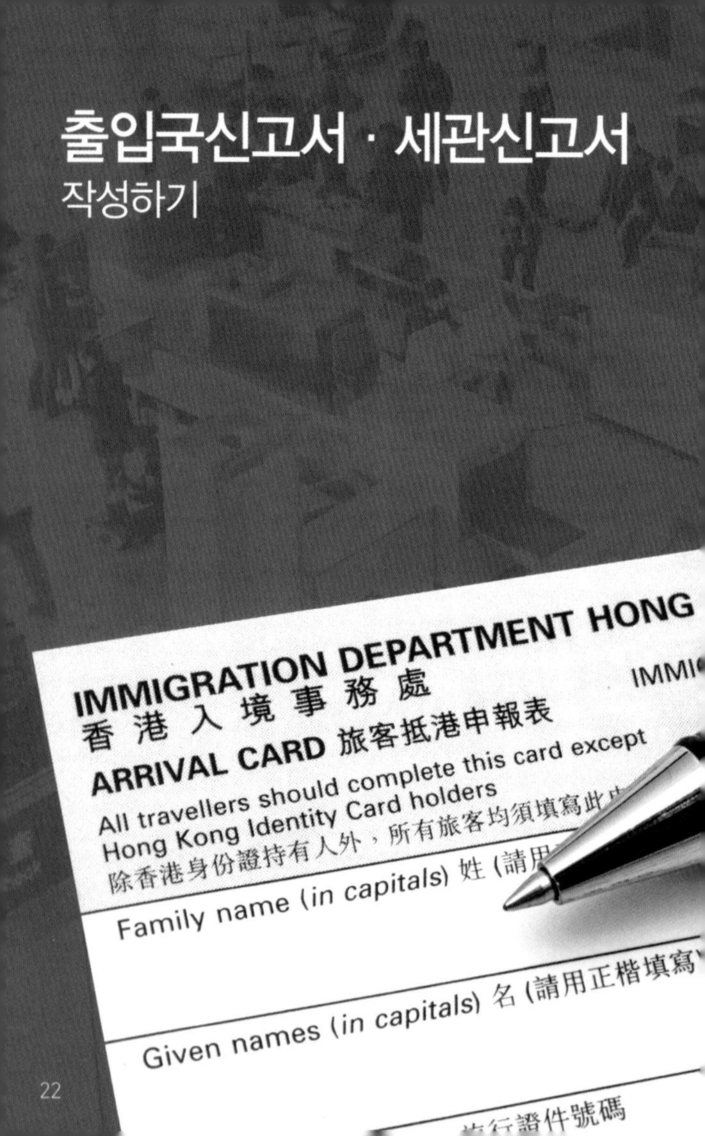

IMMIGRATION DEPARTMENT HONG

香港入境事務處

ARRIVAL CARD 旅客抵港申報表

All travellers should complete this card except
Hong Kong Identity Card holders
除香港身份證持有人外，所有旅客均須填寫此

Family name (in capitals) 姓 (請用

Given names (in capitals) 名 (請用正楷填寫

손짓, 발짓으로는 해결되지 않는 것이
출입국신고서와 세관신고서를 작성하는 일이다.

한국인이 주로 찾는 몇몇 국가의 출입국신고서 및 세관신고서에는
영문과 함께 한글이 실려 있는 경우도 있다.
그러나 한글이 함께 실려 있다고 해서 한글로 작성할 수 있는 것은 아니다.

출입국신고서와 세관신고서는 일반적으로 영문으로 작성한다.
혹시라도 잘못 작성하게 되면
입국절차에 문제가 생길 수 있으므로 유의해야 한다.
운 좋게 옆 사람의 도움을 받을 수 있다면 좋겠지만,
그렇지 않을 때를 대비해서 관련 표현들을 익혀 놓자.

나라마다 사용하는 표현이 조금 다르므로,
같은 의미의 표현 여러 개를 정리해 두었다.

출입국신고서	신고의 대상	세관신고서
사람		물건
영문	작성	영문

출입국신고서 미리보기

Arrival Card

Last Name

Hong

First Name

GilDong

Date of Birth

81 / 05 / 22   YY/MM/DD

Passport Number(No.)

MA - 11108887

Nationality

South Korea

Male ☑

Female ☐

Address in the OOO

Abc Hotel, Cebu

Purpose of Visit

Visit ☐

Sightseeing ☑

Business ☐

⋮

Occupation / Work

Farmer

Flight No.

aa 777

Signature of Passenger

洪

출입국신고서

성 홍	여권 번호 MA - 11108887
이름 길동	국적 대한민국
출생한 날짜 81 / 05 / 22 연/월/일	남성 ☑ 여성 ☐

현지에서 체류할 주소

Abc 호텔, 세부

방문의 목적 방문 ☐ 관광 ☑ 사업 ☐ ⋮	직업 농부 비행기 번호 aa 777 승객의 서명

세관신고서 미리보기

Customs Declaration

Last Name

Hong

First Name

GilDong

Date of Birth

22 / 05 / 81   DD/MM/YY

Passport Number(No.)

MA - 11108887

Passport Issued by

South Korea

Country of Residence

South Korea

Address in the OOO

Abc Hotel, Cebu

The primary purpose of this trip is business.   Yes ☐ No ☑

I am(We are) bringing

(a) fruits, plants, food, insects: Yes ☐ No ☑

(b) meat, animals, animal/wildlife products: Yes ☐ No ☑

(c) disease agents, cell cultures, snails: Yes ☐ No ☑

(d) soil or have been on a farm/ranch: Yes ☐ No ☑

I am(We are) carrying currency or monetary instruments over $10,000 U.S or foreign equivalent: Yes ☐ No ☑

Date(day/month/year)

31 / 12 / 17

Signature of passenger

洪

세관신고서

성 홍	여권 번호 MA - 11108887
이름 길동	여권 발행국가 대한민국
출생한 날짜 22 / 05 / 81　일/월/연	거주 국가 대한민국

현지에서 체류할 주소

Abc 호텔, 세부

이번 여행의 일차적 목적은 사업입니다.　　　　네☐ 아니오☑

나(우리)는 다음의 물건을 휴대하고 있습니다.

(a) 과일, 식물, 식품, 곤충:　　　　　　　　　네☐ 아니오☑
(b) 고기, 동물, 동물/야생생물 제품:　　　　　네☐ 아니오☑
(c) 병원체, 세포 배양물, 달팽이:　　　　　　네☐ 아니오☑
(d) 흙 또는 농장/목장에 다녀왔음:　　　　　네☐ 아니오☑

나(우리)는 미화 1만 달러 이상
또는 그에 상당한 외화금액의 통화　　　　　네☐ 아니오☑
또는 금전적 수단을 소지하고 있음:

날짜(일/월/연)	승객의 서명
31 / 12 / 17	洪

반드시 알아야 할 단어들

성명

Family name 가족　　　이름	패f멀리 네임	**성**
Last name 마지막　이름	올래스트 네임	
Surname 성	써r네임	
First name 첫 번째　이름	퍼f스트 네임	**이름**
Given name 주어진　이름	기븐v 네임	
Middle name 중간　　　이름 한국인에게는 미들네임이 없으므로 비워두자.	미들 네임	**미들 네임**

성별

Gender 성별	젠더r	**성별**
Male 남성	메일	**남성**
Female 여성	피f이메일	**여성**

국적

Nationality
국적
내셔널리티
국적

Citizenship
시민권
쓰이티즌쉬프

Place of birth
장소 ～의 출생
플레이스 어브ᵛ
버어ʳㄸth
출생지

Country of residence
국가   ～의   거주
컨트뤼 어브ᵛ
뤠즈이던스
거주국

Country of first departure
국가   ～의 첫 번째   출발
컨트롸이 어브ᵛ
퍼fㅇrᄉ트 디파아ʳ쳐ʳ
출발국

보통 '국적, 출생지, 거주국, 출발국'은 한국이다.

날짜

Year
연
이이어ʳ
연

Month
월
먼ㄸth
월

Day
일
데이
일

Date of birth
날짜 ～의 출생
데이트 어브ᵛ 버어ʳㄸth
출생일

영어로는 보통 '일, 월, 연'의 순서로 사용한다.

연락처

Contact number
접촉　　　번호

컨택트 넘버ㄹ

연락처

해외에서 본인의 휴대전화번호를 적을 때는
010 대신 8210을 붙여준다.

E-mail address
이메일　　주소

이이메일 어드뤠스

이메일
주소

Address in the Philippines
주소　　　필리핀에서

어드뤠스 인 더th
필리핀즈

머물 곳의
주소

Intended address in China
의도된　　주소　　　중국에서

인텐디드 어드뤠스
인 차이나

항공 · 여권 · 비자

Flight number
비행　　　번호

플ㄹ라이트 넘버ㄹ

항공기 번호

Passport number
여권　　　번호

패스포어ㄹ트 넘버ㄹ

여권 번호

Visa number
비자　　번호

비v이즈아 넘버ㄹ

비자 번호

Place of issue
장소　～의　발행

플레이스 어브v 이쓔우

비자 발급지

Date of issue
날짜　～의　발행

데이트 어브v 이쓔우

비자 발행일

'여행 혹은 방문의 목적'은 여러 개의 항목 중 하나를 선택해 표시한다. 보통은 '관광, 사업, 친지 방문' 중 하나를 선택한다. 관광이나 사업이라고 하면 묵게 될 호텔 주소를, 친지 방문이라고 하면 친지의 주소를 요구받을 수 있다.

여행 · 방문의 목적

Purpose of travel 목적　　～의　여행	퍼어「퍼스 어브ᵛ 트뤠블ᵛ	**여행의 목적**
Purpose of visit 목적　　～의　방문	퍼어「퍼스 어브ᵛ 비ᵛ지트	**방문의 목적**
Check one only 체크　　하나　오직	췌크 원 오우리	**하나만 체크**
Sightseeing 관광	싸이트씨잉	**관광**
Vacation 휴가	베ᵛ이케이션	**휴가**
Business 사업	비지니스	**사업**
Signature of passenger 서명　　　　～의　　　승객	쓰이그너쳐「 어브ᵛ 패쓰인져「	**승객의 서명**
For official use only ～위한 관공서 사용 오직 <small>출입국심사소나 세관에서 사용하는 칸으로 비워두어야 한다.</small>	포f어「 어피f셜 유우즈 오우리	**공항 직원 사용 칸**

일상표현

비상상황

비 행

교통(길 찾기)

숙박

식사

쇼핑

관광

PART
01 일상표현

1

안녕.

영어	**Hi.** / **Hello.** 하이. / 헬로우. 안녕.
프랑스어	**Bonjour!** 봉주흐! 좋은 날!
스페인어	Hola. 올라. 안녕.
이탈리아어	**Ciao.** / **Salve.** 챠오. / 살베ᵛ. 안녕.
독일어	**Hallo.** 할로. 안녕.

2
안녕하세요. [오전]

Good morning.
구드 모어'닝.
좋은 아침.

 영어

Bonjour!
봉주흐!
좋은 날!

 프랑스어

Buenos días.
부에노쓰 디아쓰.
좋은 날들.

 스페인어

Buon giorno.
뷘 죠르노.
좋은 아침.

  이탈리아어

Guten Morgen.
구텐 모어겐.
좋은 아침.

 독일어

3
안녕하세요.
[오후]

영어

Good afternoon.
구드 애프「터「누운.
좋은 오후.

프랑스어

Bonjour!
봉주흥!
좋은 날!

스페인어

Buenas tardes.
부에나쓰 따르데쓰.
좋은 오후들.

이탈리아어

Buon pomeriggio.
뷘 뽀메리쪼.
좋은 오후.

독일어

Guten Tag.
구텐 탁.
좋은 날.

4
안녕하세요.
[저녁]

Good evening.
구드 이이브ᵛ닝.
좋은 저녁.

영어

Bonsoir!
봉쑤아ᷞ히!
좋은 저녁!

프랑스어

Buenas noches.
부에나쓰 노체쓰.
좋은 밤들.

스페인어

Buona sera.
붜나 세라.
좋은 저녁.

이탈리아어

Guten Abend.
구텐 아벤트.
좋은 저녁.

독일어

잘 자.

영어

Good night.
구드 나이트.
좋은 밤.

프랑스어

Bonne nuit.
본 뉘.
좋은 밤.

스페인어

Buenas noches.
부에나쓰 노체쓰.
좋은 밤들.

이탈리아어

Buona notte.
붜나 너떼.
좋은 밤.

독일어

Gute Nacht.
구테 나흐트.
좋은 밤.

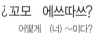

어떻게 지내요?

How are you?

하우 아^r 유우?

어떻게 ~이다 너?

영어

Comment ça va?

꼬멍 싸 바^v?

어떻게 그것 가다?

프랑스어

¿Cómo estás?

¿꼬모 에쓰따쓰?

어떻게 (너) ~이다?

스페인어

Come stai?

코메 스따이?

어떻게 (너) ~있다?

이탈리아어

Wie geht es Ihnen?

비^v 게에트 에스 이낸?

어떻게 가다 그것 당신에게?

독일어

저는 잘 지내요.

영어

I am good.
아이 앰 구드.
나 ~이다 좋은.

프랑스어

Je vais bien.
쥬 베^V 비앙.
나 가다 잘.

스페인어

Estoy bien.
에쓰또이 비엔.
(그것) ~이다 좋은.

이탈리아어

Sto bene.
스떠 배네.
(그것) ~있다 잘.

독일어

Mir geht es gut.
미어 게에트 에스 구트.
나에게 가다 그것 잘.

8 저는
미나입니다.

I am Mina.
아이 앰 미나.
나 ~이다 미나.

영어

Je suis Mina.
쥬 쒸이 미나.
나 ~이다 미나.

프랑스어

Soy Mina.
쏘이 미나.
(나) ~이다 미나.

스페인어

Io sono Mina.
이오 쏘노 미나.
나 ~이다 미나.

이탈리아어

Ich bin Mina.
이히 빈 미나.
나 ~이다 미나.

독일어

9

한국에서 왔어요.

영어

I am from Korea.

아이 앰 프룀 커뤼이아.

나 ～이다 ～에서 온 한국.

프랑스어

Je viens de Corée.

쥬 비^v앙 드 꼬헤.

나 ～오다 ～로부터 한국.

스페인어

Soy de Corea.

쏘이 데 꼬레아.

(나) ～이다 ～로부터 한국.

이탈리아어

Sono coreano.

쏘노 코레아노.

(나) ～이다 한국인.

독일어

Ich bin aus Korea.

이히 빈 아우스 코뤠아.

나 ～이다 ～에서 한국.

See you later.
쓰이 유우 을레이터ˊ.
보다 너 나중에.

영어

À plus tard.
아 쁠뤼 따ㅎ.
~에 더 늦은.

프랑스어

¡Hasta luego!
¡아쓰따 을루에고!
~까지 곧!

스페인어

Arrivederci!
아르~리베ⱽ데르치!
안녕히 가세요!

이탈리아어

Bis später.
비스 슈패터.
~까지 나중에.

독일어

43

잘 가!

영어	**Bye!** 바이! 잘 가요!
프랑스어	**Au revoir!** 오 흐부ⱽ아흐! ~까지 다시 만나다!
스페인어	**¡Adiós!** ¡아디오씨! 안녕!
이탈리아어	**Addio!** 아디오! 잘 가!
독일어	**Tschüss!** 취씨! 안녕!

44

12
**좋은 하루
보내시길.**

Have a good day.
해브^V 어 구드 데이.
가지다 하나의 좋은 하루.

영어

Bonne journée.
본 주흐네.
좋은 하루.

프랑스어

¡Que tenga un buen día.
께 뗑가 운 부엔 디아.
가지다 하나의 좋은 날.

스페인어

Buona giornata.
뷔나 죠르나따.
좋은 하루.

이탈리아어

Einen schönen Tag.
아이낸 쇄낸 탁.
하나의 아름다운 날.

독일어

45

실례합니다.

영어

Excuse me.
익쓰큐우즈 미이.
양해하다 나.

프랑스어

Excusez-moi.
엑쓰뀌제 무아.
용서하다 나.

스페인어

¡Disculpe!
¡디쓰꿀뻬!
실례합니다!

이탈리아어

Mi scusi!
미 스쿠시!
나를 용서하다!

독일어

Entschuldigen Sie!
엔트츌디겐 지!
실례합니다 당신!

46

14

먼저 하세요.

Please.
플리이즈.
부탁합니다.

영어

Après vous.
아프헤 부ᵛ.
~후에 당신(들).

프랑스어

Ve primero.
베 쁘리메로.
(너) 가라 첫째의.

스페인어

Vai prima tu.
바ᵛ이 쁘리마 뚜.
가라 먼저 너.

이탈리아어

Gehen Sie vor.
게에엔 지 포ᶠ어.
가다 당신 ~앞에.

독일어

Thank you!
고맙습니다.

 영어	**Thank you.** 땡th크 유우. 감사하다 너.
 프랑스어	**Merci beaucoup.** 메흐씨 보꾸. 감사하다 매우.
 스페인어	**Gracias.** 그라씨아쓰. 감사하다.
 이탈리아어	**Grazie.** 그라체. 감사하다.
 독일어	**Danke schön.** 당케 쇤. 감사하다 예쁜.

괜찮아요.

No, thanks.
노우, 땡th쓰.
아니. 감사하다.

영어

Non, merci.
농, 메흐씨.
아니. 감사하다.

프랑스어

No, gracias.
노, 그라씨아쓰.
아니. 감사하다.

스페인어

No, grazie.
너, 그라쳬.
아니. 감사하다.

이탈리아어

Nein Danke.
나인 당케.
아니 감사하다.

독일어

미안해요.

 영어	**I am sorry.** 아이 앰 싸아뤼. <small>나 ~이다 미안한.</small>
 프랑스어	**Je suis désolé.** 쥬 쒸이 데졸레. <small>나 ~이다 미안한.</small>
 스페인어	Lo siento. 을로 씨엔또. <small>그것 느끼다.</small>
 이탈리아어	**Scusami.** 스쿠사미. <small>용서하다(나를).</small>
 독일어	**Entschuldigung.** 엔트츌디궁. <small>실례.</small>

18

그것 참 안됐네.

That is too bad.
대ᵗʰ트 이즈 투우 배드.
그것 ~이다 너무 나쁜.

영어

C'est dommage.
쎄 도마쥬.
그것 ~이다 유감스러운.

프랑스어

Es una lástima.
에쓰 우나 을라쓰띠마.
(그것) ~이다 하나의 유감.

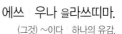
스페인어

Mi dispiace.
미 디스빠체.
나에게 싫어지다.

이탈리아어

Das ist zu schade.
다스 이스트 쭈 샤데.
그것 ~이다 너무 유감스러운.

독일어

19

잠시만요.

영어

Wait a moment please.
웨이트　어 모우멘트　플리이즈.
기다리다　하나의 순간　부탁합니다.

프랑스어

Un moment, s'il vous plaît.
엉 모멍,　씰부ˇ쁠레!
하나의 순간,　부탁합니다!

스페인어

¡Un momento, por favor!
¡운 모멘또,　뽀르 파ˈ보리!
하나의 순간,　부탁합니다!

이탈리아어

Un momento, per favore!
운 모멘또,　뻬르 파ˈ보ˇ레!
하나의 순간,　부탁합니다!

독일어

Einen Augenblick bitte!
아이낸 아우겐블릭　빝테!
하나의 순간　부탁합니다!

천만에요.

You are welcome.
유우 아ʳ 웰컴.
너 ~이다 환영하다.

영어

De rien.
드 히̃앙.
~의 0개.

프랑스어

De nada.
데 나다.
~의 0개.

스페인어

Prego.
쁘래고.
천만에요.

이탈리아어

Bitte schön.
빝테 쉔.
제발 예쁜.

독일어

53

21
괜찮아요?

영어

Are you okay?

아ʳ 유우 오우케이?

~이다 너 괜찮은?

프랑스어

Ça va?

싸 바ᵛ?

그것 가다?

스페인어

¿Estás bien?

¿에쓰따쓰 비엔?

(그것) ~이다 좋은?

이탈리아어

Stai bene?

스따이 배네?

(그것) ~있다 잘?

독일어

Geht es Ihnen gut?

게에트 에스 인낸 구트?

가다 그것 당신에게 잘?

54

22

조심해.

Be careful.
비이 케어ʳ플f.
되다 조심하게.

영어

Fais attention.
페f 아떵씨옹.
~해라 주의.

프랑스어

Ten cuidado.
뗀 꾸이다도.
가져라 조심.

스페인어

Stai attento.
스따이 아땐또.
~있다 주의 깊은.

이탈리아어

Sei vorsichtig.
자이 포f어ʳ지히티히.
~이다 조심한.

독일어

55

23

부탁합니다.

영어

Please.
플리이ㅈ.
부탁합니다.

프랑스어

S'il vous plaît.
씰 부^{v} 쁠레.
부탁합니다.

스페인어

Por favor.
뽀르 파^{f}보르.
부탁합니다.

이탈리아어

Per favore.
뻬ㄹ 파^{f}보^{v}레.
부탁합니다.

독일어

Bitte.
빝테.
부탁합니다.

24
이거 왜 이래!
너무하잖아!

Oh~ Come on!
오우 컴 어언!
오~ 와라!

영어

Oh vas y.
오 바^V (ㅈ)이.
오 가라 거기에.

프랑스어

Venga ya.
벵가 야.
와라 이제는.

스페인어

Dai, non esagerare.
다이, 논 에사제라레.
좀, 부정 과장하라.

이탈리아어

Ach, komm schon!
아흐, 콤 숀!
어, 와라 이미!

독일어

맞아요.

영어	**Yes.** 예쓰. 맞다.	
프랑스어	**Oui.** 위. 네.	
스페인어	Sí. **씨.** 네.	
이탈리아어	**Sì.** 씨. 맞다.	
독일어	**Ja.** 야. 응.	

26

물론이죠.

Sure. / Of course.
슈어ʳ. / 어브ᵛ 코어ʳ스.

물론이죠.

영어

Oui. / Bien sûr.
위. / 비앙 쒸흐.

네. / 좋은 확신하는.

프랑스어

Por supuesto.
뽀르 쑤뿌에쓰또.

물론.

스페인어

Sì, certo.
씨, 채르또.

그렇다. 확실한.

이탈리아어

Ja. Na sicher. / Sicher.
야. 나 지히여. / 지히여.

응. 아니 확실. / 확실.

독일어

알겠어요.

영어

Okay.
오우케이.
괜찮다.

프랑스어

D'accord.
다꼬흐.
~의 동의.

스페인어

Vale.
발레.
알겠어.

이탈리아어

Bene.
배네.
좋다.

독일어

Okay.
오케이.
괜찮다.

28

괜찮아요.

It's okay.

이츠 오우케이.

이것 ~이다 괜찮은.

영어

Ce n'est pas grave.

쓰 네 빠 그하브^V.

그것 [부정] ~이다 [부정] 심각한.

프랑스어

Está bien.

에쓰따 비엔.

(그것) ~이다 좋은.

스페인어

Va bene.

바^V 배네.

가다 잘.

이탈리아어

Alles in Ordnung.

알래스 인 오어드눙.

모든 것 ~안에 정돈.

독일어

저도 그래요.

영어

Me too.
미이 투우.
나에게 역시.

프랑스어

Moi aussi.
무아 오씨.
나 역시.

스페인어

Yo también.
요 땀비엔.
나 역시.

이탈리아어

Anch'io.
안키오.
나 역시.

독일어

Ich auch.
이히 아우흐.
나 역시.

30

아니에요.

No. 노우. 아니다.		영어

No.
노우.
아니다.
영어

Non.
농.
아니다.
프랑스어

No.
노.
아니다.
스페인어

No.
너.
아니다.
이탈리아어

Nein.
나인.
아니다.
독일어

나는 그렇게 생각 안 해요.

영어

I don't think so.
아이 더운트 띵th크 쏘우.
나 [부정] 생각하다 그렇게.

프랑스어

Je ne pense pas.
쥬 느 뻥쓰 빠.
나 [부정] 생각하다 [부정].

스페인어

No creo.
노 끄레오.
[부정] 생각하다.

이탈리아어

Non penso.
논 뻰소.
[부정] 생각하다.

독일어

Ich glaube nicht.
이히 글라우베 니히트.
나 믿다 [부정].

32

그만해.

Stop it.
스따압 이트.
멈추다 그것.

영어

Arrête!
아헤뜨!
멈춰라!

프랑스어

Para.
빠라.
멈춰라.

스페인어

Smettila.
스메띨라.
그만해(그것을).

이탈리아어

Hör auf.
훼어 아우프.
멈춰라 분리전철.

독일어

33

알아요.

 영어	**I know.** 아이 노우. 나 알다.	

 프랑스어	**Je sais.** 쥬 쎄. 나 알다.	

 스페인어	Lo sé. 을로 쎄. 그것 알다.	

 이탈리아어	**Lo so.** 을로 서. 그것 알다.	

 독일어	Ich weiß. 이히 바ᵛ이쓰. 나 알다.	

34

나는 몰라요.

I don't know.
아이 더운트 노우.
나 부정 알다.

영어

Je ne sais pas.
쥬 느 쎄 빠.
나 부정 알다 부정.

프랑스어

No sé.
노 쎄.
부정 알고 있다.

스페인어

Non lo so.
논 을로 서.
부정 그것 알다.

이탈리아어

Ich weiß es nicht.
이히 바이쓰 에스 니히트.
나 알다 그것 부정.

독일어

이해가 안 돼요.

영어

I don't understand.
아이 더운트 언더「스탠드.
나 [부정] 이해하다.

프랑스어

Je ne comprends pas.
쥬 느 꽁프헝 빠.
나 [부정] 이해하다 [부정].

스페인어

No entiendo.
노 엔띠엔도.
(나) [부정] 이해하다.

이탈리아어

Non capisco.
논 카삐스코.
(나) [부정] 이해하다.

독일어

Ich verstehe nicht.
이히 페「어슈테에 니히트.
나 이해하다 [부정].

36

나 아니에요.

It's not me.
이츠 나앗 미이.
이것 ~아니다 내가.

영어

Ce n'est pas moi.
쓰 네 빠 무아.
그것 부정 ~이다 부정 나.

프랑스어

No soy yo.
노 쏘이 요.
부정 ~이다 나.

스페인어

Non sono io.
논 쏘노 이오.
부정 ~이다 나.

이탈리아어

Das bin ich nicht.
다스 빈 이히 니히트.
그것 ~이다 나 부정.

독일어

69

우와.

영어	**Wow.** 와우. 우와.	
프랑스어	**Ouah.** 우아. 우와.	
스페인어	Guau. 구아우. 우와.	
이탈리아어	**Wow.** 와우. 우와.	
독일어	**Wow.** 와우. 우와.	

38

맞아요.

Yes.
예쓰.
맞다. 영어

C'est ça!
쎄 싸!
그것 ~이다 그것! 프랑스어

¡Eso es!
¡에쏘 에쓰!
그것 ~이다! 스페인어

Esatto.
에싸또.
맞는. 이탈리아어

Jawohl!
야보ᵛ올!
그렇습니다! 독일어

39

누구?

영어	**Who?** 후우? 누구?	

프랑스어	**Qui?** 끼? 누구?	

스페인어	¿Quién? ¿끼엔? 누구?	

이탈리아어	**Chi?** 끼? 누구?	

독일어	**Wer?** 베^v어? 누구?	

_40

어떻게?

How?
하우?
어떻게?
영어

Comment?
꼬멍?
어떻게?
프랑스어

¿Cómo?
¿꼬모?
어떻게?
스페인어

Come?
코메?
어떻게?
이탈리아어

Wie?
비ᵛ?
어떻게?
독일어

왜?

영어

Why?
와이?
왜?

프랑스어

Pourquoi?
뿌흐꾸아?
왜?

스페인어

¿Por qué?
¿뽀르 께?
왜?

이탈리아어

Perché?
뻬르케?
왜?

독일어

Warum?
바ᵛ룸?
왜?

42

정말?

Really?
뤼얼리?
정말?

영어

Vraiment?
브ᵛ헤멍?
정말?

프랑스어

¿De verdad?
¿데 베르닫?
~의 진실?

스페인어

Davvero?
다뻬ᵛ로?
정말?

이탈리아어

Wirklich?
비ᵛ어클리히?
현실의?

독일어

다시 말씀해 주실래요?

영어

Pardon? / Excuse me?
파아「든? / 익쓰큐우즈 미이「?
실례합니다? / 용서하다 나를?

프랑스어

Pardon? / Excusez-moi?
빠흐동? / 엑쓰뀌제 무아?
죄송합니다? / 용서하다 나?

스페인어

¿Perdón?
¿뻬르돈?
미안합니다?

이탈리아어

Mi scusi?
미 스쿠시?
나를 용서하다?

독일어

Wie bitte?
비ᵛ 빝테?
어떻게 부탁합니다?

76

44
그래서?

So?
쏘우?
그래서?

영어

Alors?
알로흐?
그래서?

프랑스어

¿Y?
¿이?
그래서?

스페인어

Allora?
알로라?
그래서?

이탈리아어

So?
소?
그래서?

독일어

45
이런 식으로
하면 돼?

영어

Like this?

을라이크 디쓰?

~처럼 이것?

프랑스어

Comme ça?

꼼므 싸?

~처럼 이것?

스페인어

¿Así?

¿아씨?

이렇게?

이탈리아어

Così?

코시?

이렇게?

독일어

Etwa so?

에트바^V 소?

대략 이렇게?

46

잘했어.

Good job.
구드 자아브.
좋은 일.

영어

Bon travail.
봉 트하바ᵛ이.
좋은 일.

프랑스어

Buen trabajo.
부엔 뜨라바호.
좋은 일.

스페인어

Ben fatto.
밴 파ᶠ또.
좋은 일.

이탈리아어

Gut gemacht.
구트 게마ᵋ흐트.
좋은 했다.

독일어

나쁘지 않아.

영어

Not bad.

낫 배드.

아니다 나쁜.

프랑스어

Pas mal.

빠 말.

부정 나쁜.

스페인어

No está mal.

노 에쓰따 말.

(그것) 부정 ~이다 나쁜.

이탈리아어

Non male.

논 말레.

부정 나쁜.

독일어

Nicht schlecht.

니히트 슐래히트.

부정 나쁜.

48

너무 안 좋아.

Too bad.
투우 배드.
너무 나쁜.

영어

Dommage.
도마쥬.
유감스러운.

프랑스어

Muy mal.
무이 말.
매우 나쁜.

스페인어

Peccato.
뻬까또.
죄악.

이탈리아어

Zu schlecht.
쭈 슐래히트.
너무 나쁜.

독일어

		🇬🇧 영국	🇫🇷 프랑스
지루한		**boring** 보어링	**ennuyeux** 엉누이외
외로운		**lonely** 을로운리	**solitaire** 쏠리떼흐
심각한		**serious** 쓰이뤼어쓰	**sérieux** 쎄히외
불편한		**uncomfortable** 언캄퍼f,ʳ터블	**inconfortable** 앙콩포f흐따블르
슬픈		**sad** 쌔드	**triste** 트히쓰뜨
고통 스러운		**painful** 페인플f	**douloureux** 둘루회
끔찍한		**terrible** 테뤄블	**terrible** 떼히블르
위험한		**dangerous** 데인져뤄쓰	**dangereux** 덩죄회
충격적인		**shocking** 샤킹	**choquant** 쇼껑
이상한		**strange** 스트뤠인쥐	**étrange** 에트헝주

스페인	이탈리아	독일
aburrido 아부ㄹ~이도	**noioso** 노요소	**langweilig** 을랑바ᵛ일리히
solitario 쏠리따리오	**solo** 솔로	**einsam** 아인잠
serio 쎄리오	**grave** 그라베ᵛ	**ernst** 에언스트
incómodo 인꼬모도	**scomodo** 스커모도	**unbequem** 운베크벰ᵛ
triste 뜨리쓰떼	**triste** 뜨리스떼	**traurig** 트라우리히
doloroso 돌로로쏘	**doloroso** 돌로로소	**schmerzlich** 슈매어쯜리히
terrible 떼ㄹ~이블레	**terribile** 떼ㄹ~리빌레	**furchtbar** 푸ᶠ어흐트바
peligroso 뻴리그로쏘	**pericoloso** 뻬리콜로소	**gefährlich** 게패ᶠ얼리히
impactante 임빡딴데	**scioccante** 쇼깐떼	**schockierend** 쇼키이어렌트
extraño 엑쓰뜨라뇨	**strano** 스뜨라노	**seltsam** 셀트잠

지금.

영어	**Now.** 나우. 지금.	
프랑스어	**Maintenant.** 망뜨넝. 지금.	
스페인어	Ahora. 아오라. 지금.	
이탈리아어	**Adesso.** 아대쏘. 지금.	
독일어	**Jetzt.** 옛쯔트. 지금.	

50

곧 (금세).

Soon.
쑤운.
곧 (이르게).

영어

Bientôt.
비앙또.
곧.

프랑스어

Pronto.
쁘론또.
미리.

스페인어

Presto.
프래스토.
곧.

이탈리아어

Bald.
발트.
곧.

독일어

언제든지.

영어

Anytime.
애니타임.
언제든지.

프랑스어

Tout le temps.
뚜 을르 떵.
전부 그 시간.

스페인어

Cuando sea.
꾸안도 쎄아.
할 때 ~일 때.

이탈리아어

In qualunque momento.
인 콸룬퀘 모멘토.
~에 ~라도 순간.

독일어

Jederzeit.
예더짜이트.
언제든.

52

한 번 더.

One more time.
원 모어r 타임.
한 번 더 시간.

영어

Encore une fois.
엉꼬흐 윈 푸f아.
다시 한 번.

프랑스어

Una vez más.
우나 베쓰 마쓰.
한 번 더.

스페인어

Ancora una volta.
안코라 우나 벌v따.
다시 한 번.

이탈리아어

Noch einmal.
노흐 아인말.
더 한 번.

독일어

나는
할 수 있어요.

영어	**I can.** 아이 캔. <small>나 할 수 있다.</small>
프랑스어	**Je peux.** 쥬 뾔. <small>나 할 수 있다.</small>
스페인어	Yo puedo. 요 뿌에도. <small>나 할 수 있다.</small>
이탈리아어	**Io posso.** 이오 뻐쏘. <small>나 할 수 있다.</small>
독일어	**Ich kann es.** 이히 칸 에스. <small>나 할 수 있다 그것.</small>

54

아무것도
아니에요.

Nothing.
나띵th.

0개.

영어

Rien.
히̃앙.

0개.

프랑스어

No es nada.
노 에쓰 나다.

(그것) 부정 ~이다 0개.

스페인어

Niente.
냰떼.

0개.

이탈리아어

Nichts.
니히츠.

0개.

독일어

이건
내 거예요.

영어

It's mine.
이츠 마인.
이것 ~이다 나의 것.

프랑스어

C'est le mien.
쎄 을르 미앙.
그것 ~이다 그것 나의 것.

스페인어

Es mío.
에쓰 미오.
(그것) ~이다 나의 것.

이탈리아어

È mio.
애 미오.
(그것) ~이다 나의 것.

독일어

Es ist meins.
에스 이스트 마인스.
그것 ~이다 나의 것.

이거
당신 거예요?

Is it yours?

이즈 이트 유어ʳ스?

~이다 이것 너의 것들?

영어

C'est le votre?

쎄 을르 보ᵛ트흐?

그것 ~이다 그것 당신(들)의?

프랑스어

¿Es tuyo?

¿에쓰 뚜요?

(그것) ~이다 너의 것?

스페인어

È tuo?

애 뚜오?

(그것) ~이다 너의 것?

이탈리아어

Ist es Ihres?

이스트 에스 이어ʳ레스?

~이다 그것 당신의 것?

독일어

91

57

가야겠어요.

영어

I have to go.
아이 해브ᵛ 투 고우.
나 해야 하다 가기.

프랑스어

Je dois y aller.
쥬 두아 이 알레.
나 ~해야 하다 그곳에 가다.

스페인어

Tengo que irme.
뗑고 께 이르메.
(나) ~해야 하다 가다(나에게).

이탈리아어

Devo andare.
데보ᵛ 안다레.
(나) ~해야 하다 가다.

독일어

Ich muss gehen.
이히 무쓰 게에엔.
나 해야만 하다 가다.

58
신경 쓰지
마세요.

Never mind.
네버ᵛ,ʳ 마인드.
부정 신경 쓰다.

영어

Ce n'est pas grave.
쓰 네 빠 그하브ᵛ.
그것 부정 ~이다 부정 심각한.

프랑스어

Olvídalo.
올비달로.
잊어라(그것).

스페인어

Lascia stare.
을라쌰 스따레.
내버려 두어라 유지하다.

이탈리아어

Vergessen Sie es.
페ʳ어게쎈 지 에스.
잊다 당신 그것.

독일어

🇬🇧 영국　　　🇫🇷 프랑스

화창한		**sunny** 써니	**ensoleillé** 엉쏠레이에
바람 부는		**windy** 윈디	**venteux** 벙ᵛ뙤
흐린		**cloudy** 클라우디	**nuageux** 뉴아죄
비가 오는		**raining** 뤠이닝	**pluvieux** 플루비ᵛ외
가까운		**near** 니어ʳ	**près** 프헤
멀리 있는		**far** 파ᶠ아ʳ	**loin** 을루앙
열린		**open** 오우픈	**ouvert** 우베ᵛ흐
닫힌		**closed** 클로우즈드	**fermé** 페ᶠ흐메

스페인　　 이탈리아　　 독일

soleado 쏠레아도	soleggiato 솔레쨔또	sonnig 존니히
ventoso 벤또쏘	ventoso 벤ᵛ또소	windig 빈ᵛ디히
nublado 누블라도	nuvoloso 누볼ᵛ로소	bewölkt 베뷀ᵛ크트
lluvioso 유비오쏘	piovoso 쁘보ᵛ소	regnend 레ㄱ낸트
cerca 쎄르까	vicino 비ᵛ치노	nah 나아
lejos 을레호쓰	lontano 을론따노	weit 바ᵛ이트
abierto 아비에르또	aperto 아뻬르또	offen 오펜ᶠ
cerrado 쎄ㄹ~아도	chiuso 뀨소	geschlossen 게슐로쎈

일상표현

비상상황

비 행

교통 (길 찾기)

숙박

식사

쇼핑

관광

PART
02 비상상황

59
도와 주시겠어요?

영어

Can you help me?

캔 유우 헬프 미이?

할 수 있다 너 도와주다 나?

프랑스어

Pouvez-vous m'aider?

뿌베^{V} 부^{V} 메데?

할 수 있다 당신(들) 나를 도와주다?

스페인어

¿Puedes ayudarme?

¿뿌에데쓰 아유다르메?

할 수 있다 (너) 돕다(나에게)?

이탈리아어

Puoi aiutarmi?

뿨이 아유따르미?

할 수 있다 (너) 도와주다(나를)?

독일어

Können Sie mir helfen?

쾬낸 지 미어 헬펜^{f}?

할 수 있다 당신 나에게 돕다?

60
구급차를 불러 주세요.

Ambulance.
앰뷸런스.
구급차.

영어

Une ambulance, s'il vous plaît.
윈 엉뷜렁쓰, 씰 부ᵛ 쁠레.
하나의 구급차, 부탁합니다.

프랑스어

Por favor, llame a la ambulancia.
뽀르 파ˡ보르, 야메 아 을라 암불란씨아.
부탁합니다. 전화하다 ~에게 그 구급차.

스페인어

Per favore, chiama l'ambulanza.
뻬르 파ˡ보ᵛ레, 캬마 을람불란차.
부탁합니다. 부르다 그 구급차.

이탈리아어

Rettung!
렛퉁!
구급차!

독일어

61
나
감기 걸렸어.

영어

I caught a cold.

아이 카앗 어 코울드.

나 잡았다 하나의 감기.

프랑스어

J'ai un rhume.

줴 앙 휨므.

나는 ~가지고 있다 하나의 감기.

스페인어

Estoy resfriado.

에쓰또이 르~에쓰프ᶠ리아도.

(나) ~이다 감기 걸린.

이탈리아어

Ho preso il raffreddore.

어 쁘레소 일 라프ᶠ레도레.

(나) 걸렸다 그 감기.

독일어

Ich bin erkältet.

이히 빈 에어캘테트.

나 ~이다 감기 걸린.

열이 납니다.

I have a fever.
아이 해브ᵛ 어 피ᶠ이버ʳ.
나 가지고 있다 하나의 열

영어

J'ai de la fièvre.
줴 드 을라 피ᶠ에브흐.
나는 ~가지고 있다 ~의 그 열

프랑스어

Tengo fiebre.
뗑고 피ᶠ에브레.
(나) 가지고 있다 열

스페인어

Ho febbre.
어 페ᶠ쁘레.
(나) 가지고 있다 열

이탈리아어

Ich habe Fieber.
이히 하베 피ᶠ이버.
나 가지다 열

독일어

101

다쳤어요.

영어

I am hurt.
아이 엠 허어ㄹ트.
나 ～이다 부상.

프랑스어

Je suis blessé.
쥬 쒸이 블레쎄.
나 ～이다 다친.

스페인어

Estoy herido.
에쓰또이 에리도.
(나) ～이다 다친.

이탈리아어

Sono ferito.
쏘노 페ㄹ리또.
(나) ～이다 다친.

독일어

Ich bin verletzt.
이히 빈 페ㄹ얼랫ㅉ트.
나 ～이다 다친.

병원에 데려다 주세요.

Please take me to the hospital.

플리이즈 테이크 미이 투 더 하아스삐틀.

부탁합니다 데려가다 나 ~으로 그 병원.

 영어

L'hôpital, s'il vous plaît.

을로삐딸, 씰 부ᵛ 쁠레.

그 병원, 부탁합니다.

 프랑스어

Por favor, lléveme al hospital.

뽀르 파ᶠ보르, 예베메 알 오쓰삐딸.

부탁합니다. 데리고 가다(나) (~으로) 그 병원.

 스페인어

Per favore, portami all'ospedale.

뻬르 파ᶠ보ᵛ레, 뻐르따미 알로스뻬달레.

부탁합니다. 운반하다(나를) 그 병원으로.

 이탈리아어

Bitte liefern Sie mich ins Krankenhaus ein.

빝테 을리펀ᶠ 지 미히 인스 크랑켄하우스 아인.

부탁합니다 보내다 당신 나를 ~안으로 병원 **분리전철**

 독일어

103

영어

I lost my passport.
아이 을로오스트 마이 패쓰포어ㄹ트.

<small>나 잃어버렸다 나의 여권.</small>

프랑스어

J'ai perdu mon passeport.
줴 뻬흐뒤 몽 빠쓰뽀흐.

<small>나는 ~가지고 있다 잃어버렸다 나의 여권.</small>

스페인어

He perdido mi pasaporte.
에 뻬르디도 미 빠싸뽀르떼.

<small>(나) 잃어버렸다 나의 여권.</small>

이탈리아어

Ho perso il mio passaporto.
어 뻬르소 일 미오 빠싸뽀르또.

<small>(나) 잃어버렸다 그 나의 여권.</small>

독일어

Ich habe meinen Pass verloren.
이히 하베 마이낸 파쓰 페ㄹ얼로어렌.

<small>나 가지고 있다 나의 여권 잃어버렸다.</small>

66
경찰 좀 불러 주세요.

Please call the police.
플리즈 코올 더 펄리이쓰.

부탁합니다 부르다 그 경찰.

영어

La police, s'il vous plaît.
을라 뽈리쓰, 씰 부ᵛ 쁠레.

그 경찰. 부탁합니다.

프랑스어

Por favor, llame a la policía.
뽀르 파ᶠ보르, 야메 아 을라 뽈리씨아.

부탁합니다. 전화하다 ~에게 그 경찰.

스페인어

Per favore, chiama la polizia.
뻬르 파ᶠ보ᵛ레, 캬마 을라 뽈리치아.

부탁합니다. 부르다 그 경찰.

이탈리아어

Bitte rufen Sie die Polizei.
빝테 루펜ᶠ 지 디 폴리짜이.

부탁합니다 부르다 당신 그 경찰을.

독일어

🇬🇧 영국　　🇫🇷 프랑스

병원	**hospital** 하아스삐틀	**hôpital** 오삐딸
약국	**pharmacy** 파아머쓰이	**pharmacie** 파흐마씨
경찰서	**police station** 펄리이쓰 스떼이션	**commissariat** 꼬미싸히아
빌딩	**building** 빌딩	**bâtiment** 바띠멍
택시	**taxi** 택쓰이	**taxi** 딱씨
휴대폰	**mobile phone** 모우블 포운	**téléphone portable** 뗄레폰 뽀흐따블
급한	**hurry** 허어뤼	**hâte** 아뜨

스페인　　　이탈리아　　　독일

hospital 오쓰삐딸	**ospedale** 오스뻬달레	**Krankenhaus** 크랑켄하우스
farmacia 파ᄅ마씨아	**farmacia** 파ᄅ마치아	**Apotheke** 아포테케
comisaría 꼬미싸리아	**commissariato** 콤미싸랴또	**Polizeistation** 폴리짜이슈타찌온
edificio 에디피ᄅ씨오	**palazzo** 빨라쪼	**Gebäude** 게보이데
taxi 딱씨	**taxi** 딱시	**Taxi** 탁시
teléfono móvil 뗄레포ᄅ노 모빌	**telefono cellulare** 뗄래포ᄅ노 첼룰라레	**Mobiltelefon** 모빌텔레폰ᄅ
apresurado 아쁘레쑤라도	**urgente** 우르쟨떼	**eilig** 아일리히

**통역이
필요해요.**

 영어	**I need a translator.** 아이 니이드 어 트렌쓸레이터ˊ. 나 필요하다 하나의 통역사.
 프랑스어	**J'ai besoin d'un interprète.** 줴 브주앙 당 (ㄴ)앙떼ᴴㅍ헤뜨. 나 ~가지고 있다 필요 ~의 하나의 통역사.
 스페인어	Necesito un traductor. 네쎄씨또 운 뜨라둑또르. (나) 필요하다 하나의 통역사.
 이탈리아어	**Ho bisogno di un traduttore.** 어 비손뇨 디 운 뜨라두또레. (나) 가지다 필요 ~의 하나의 통역사.
 독일어	**Ich brauche einen Übersetzer.** 이히 브라우헤 아이낸 위버셋쩌. 나 필요하다 하나의 통역사를.

68

한국 대사관에 연락해 주세요.

Please contact the Korean embassy.
플리즈   카안택트   더 커뤼이안 엠버쓰이.
부탁합니다 연락하다 그 한국의 대사관.

영어

Veuillez consulter l'ambassade de Corée.
뵈ⱽ이예 꽁쐴떼 을렁바싸드 드 꼬헤.
하세요 문의하다 그 대사관 ~의 한국.

프랑스어

Por favor, llame a la embajada de Corea.
뽀르 파ᶠ보르, 야메 아 을라 엠바하다 데 꼬레아.
부탁합니다, 전화하다 ~에게 그 대사관 ~의 한국.

스페인어

Contattami l'Ambasciata della Corea del Sud.
콘따따미 을람바쌰따 델라 코레아 델 수드.
연락하다(나를) 그 대사관 (~의) 그 한국.

이탈리아어

Bitte kontaktieren Sie die koreanische Botschaft.
빝테 콘탁티어렌 지 디 코레아니쉐 봇샤프ᶠ트.
부탁합니다 연락하다 당신 그 한국 대사관.

독일어

일상표현

비상상황

비행

교통 (길 찾기)

숙박

식사

쇼핑

관광

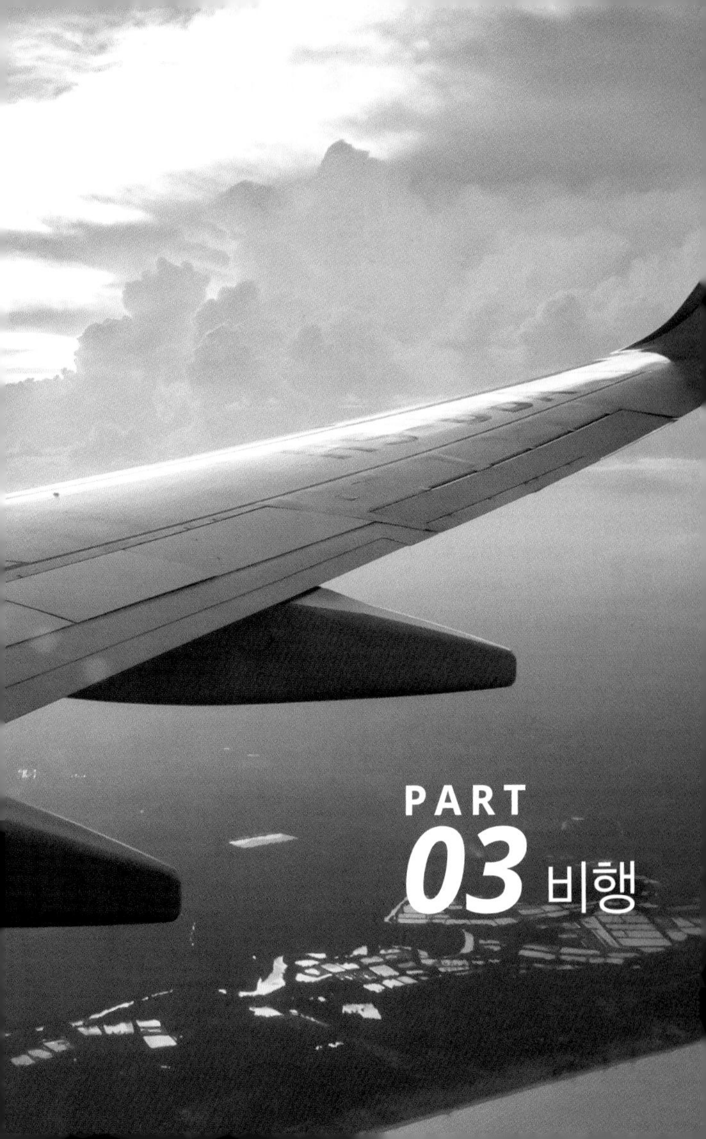

PART 03 비행

가방을 열어주세요.

영어

Please open your bag.
플리이즈 오우픈 유어「 배그.

부탁합니다 열다 너의 가방.

프랑스어

Votre sac, s'il vous plait.
보ᵛ트흐 싸끄, 씰 부ᵛ 쁠레.

당신(들)의 가방, 부탁합니다.

스페인어

Abra su maleta, por favor.
아브라 쑤 말레따, 뽀르 파「보르.

여세요 당신의 가방. 부탁합니다.

이탈리아어

Aprite la borsa.
아쁘리떼 을라 보르사.

열어라 그 가방.

독일어

Bitte öffnen Sie Ihre Tasche.
빝테 웨프「낸 지 이어레 타쉐.

부탁합니다 열다 당신 당신의 가방.

팔을
벌려 주세요.

Please spread out your arms.
플리이즈 스프뤠드 아웃 유어「 아암「즈.

부탁합니다 펼치다 너의 팔들

영어

Étendez vos bras, s'il vous plaît.
에떵데 보ᵛ 브하, 씰 부ᵛ 쁠레.

펼치세요 당신(들)의 팔들, 부탁합니다.

프랑스어

Por favor, extienda los brazos.
뽀르 파「보르, 엑쓰띠엔다 으로쓰 브라쏘쓰.

부탁합니다, 펴다 그 팔들.

스페인어

Allargate le braccia.
알라르가떼 을레 브라챠.

벌려라 그 팔들.

이탈리아어

Bitte breiten Sie Ihre Arme aus.
빝테 브라이텐 지 이어레 아아메 아우스.

부탁합니다 벌리다 당신 당신의 팔들 분리전철

독일어

환전.

영어

Money exchange.
머니 익쓰췌인쮀.
돈 교환.

프랑스어

Change.
셩쥬.
환전.

스페인어

Cambio de moneda, por favor.
깜비오 데 모네다, 뽀르 파f보르.
변경 ~의 동전. 부탁합니다.

이탈리아어

Vorrei cambiare i soldi.
보르~래이 캄뱌레 이 설디.
(나) ~하고 싶다 바꾸다 그 돈.

독일어

Geldwechsel.
겔트베v히셀.
환전.

닭고기인가요
소고기인가요?

Chicken or Beef?

치킨 오어「 비이프「?

닭고기 또는 소고기?

 영어

Poulet ou bœuf?

뿔레 우 뵈프「?

닭고기 혹은 소고기?

 프랑스어

¿Pollo o ternera?

¿뽀요 오 떼르네라?

닭고기 아니면 소고기?

스페인어

Pollo o manzo?

뽈로 오 만조?

닭고기 또는 소고기?

이탈리아어

Huhn oder Rind?

후운 오더 린̃트?

닭 또는 소?

 독일어

	🇬🇧 영국	🇫🇷 프랑스
공항	**airport** 에어「포어「트	**aéroport** 아에호뽀흐
출발	**departure** 디파아「쳐「	**départ** 데빠흐
도착	**arrival** 어라이블ᵛ	**arrivée** 아히베ᵛ
수하물 (짐)	**baggage** 배기쥐	**bagages** 바가주
문	**gate** 게잇	**portail** 뽀흐따이유
면세점	**duty-free shop** 듀우티 프뤼이 샤압	**magasin duty free** 마가장 뒤띠 프「히
입구	**entrance** 엔트뤈쓰	**entrée** 엉트헤
출구	**exit** 에그즈이트	**sortie** 쏘흐띠
국내의	**domestic** 더메스틱	**domestique** 도메쓰띠끄
국제적인	**international** 인터「내셔널	**international** 앙떼흐나씨오날

Gate shown 12:05
Gate shown 12:35
Gate shown 12:45
Gate shown 12:25
Gate shown 12:40
Gate shown 13:00
Gate shown 13:00
Gate show_ 3:00
sho_

15:25 Aber_
15:30 Frankfurt
15:35 Oslo
15:50 Dublin
16:00 Newark
16:15 Edmon_
15 Auckla
via: Los Ange_
_unich

비행

🇪🇸 스페인	🇮🇹 이탈리아	🇩🇪 독일
aeropuerto 아에로뿌에르또	**aeroporto** 아에로뽀르또	**Flughafen** 플�f룩하펜�f
salida 쌀리다	**partenza** 빠르땐차	**Abreise** 압라이제
llegada 예가다	**arrivo** 아르~리보ᵛ	**Ankunft** 안쿤프�f트
equipaje 에끼빠헤	**bagaglio** 바갈료	**Gepäck** 게패크
puerta 뿌에르따	**gate** 게이뜨	**Gate** 게이트
tienda libre de impuestos 띠엔다 을리브레 데 임뿌에쓰또쓰	**negozio duty-free** 네거치오 두티프ᶠ리	**zollfreies Geschäft** 쫄프ᶠ라이에스 게쉐프ᶠ트
entrada 엔뜨라다	**ingresso** 인그래쏘	**Eingang** 아인강
salida 쌀리다	**uscita** 우씨따	**Ausgang** 아우스강
doméstico 도메쓰띠꼬	**locale** 을로칼레	**inländisch** 인랜디쉬
internacional 인떼르나씨오날	**internazionale** 인떼르나치오날레	**international** 인터나치오날

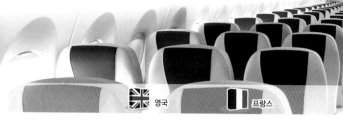

🇬🇧 영국　　　🇫🇷 프랑스

		영국	프랑스

여권		**passport** 패쓰포어「트	**passeport** 빠쓰뽀흐
사증		**visa** 비ᵛ이저	**visa** 비ᵛ자
승객		**passenger** 패쓰인져「	**passager** 빠싸제
대기		**waiting** 웨이팅	**attente** 아떵뜨
좌석		**seat** 쓰이잇	**siège** 씨에쥬
창가 석		**window seat** 윈도우 쓰이잇	**siège côté fenêtre** 씨에쥬 꼬떼 프「네트흐
복도 석		**aisle seat** 아이을 쓰이잇	**siège côté couloir** 씨에쥬 꼬떼 꿀루아흐
봉사		**service** 써어「비ᵛ스	**service** 쎄흐비ᵛ쓰
기내식		**in-flight meal** 인 플「라이트 미일	**plateau-repas** 쁠라또 흐빠
담요		**blanket** 블랭킷	**couverture** 꾸베ᵛ흐뛰흐

스페인	이탈리아	독일
pasaporte 빠싸뽀르떼	passaporto 빠싸뻬르또	Reisepass 라이제파쓰
visa 비싸	visto 비ᵛ스또	Visum 비ᵛ줌
pasajero 빠싸헤로	passeggero 빠쎄째로	Passagier 파싸쥐어
espera 에쓰뻬라	attesa 아떼사	Warten 바아텐
asiento 아씨엔또	posto a sedere 뻐스또 아 세데레	Sitz 싯쯔
asiento de ventana 아씨엔또 데 벤따나	posto di fianco al finestrino 뻐스또 디 퍈ᶠ코 알 피ᶠ네스뜨리노	Fensterplatz 펜ᶠ스터플랏쯔
asiento de pasillo 아씨엔또 데 빠씨요	posto di fianco al corridoio 뻐스또 디 퍈ᶠ코 알 코ㄹ~리도요	Gangplatz 강플랏쯔
servicio 쎄르비씨오	servizio 세르비ᵛ치오	Freiwilligenarbeit 프ᶠ라이빌ᵛ리겐아바이트
comida de avión 꼬미다 데 아비온	cibo dell'aereo 치보 델라애레오	Flugzeugessen 플ᶠ룩쪼이그에쎈
manta 만따	coperta 코뻬르따	Decke 데케

73
소고기로
주세요.

영어

Beef, please.

비이프^f, 플리이즈.

소고기, 부탁합니다.

프랑스어

Du bœuf, s'il vous plaît.

뒤 뵈프^f, 씰 부^v 쁠레.

약간의 소고기, 부탁합니다.

스페인어

Ternera, por favor.

떼르네라, 뽀르 파^f보르.

소고기, 부탁합니다.

이탈리아어

Manzo, per favore.

만조, 뻬르 파^f보^v레.

소고기, 부탁합니다.

독일어

Rindfleisch, bitte.

륀트플^f라이쉬, 빝테.

소고기, 부탁합니다.

멀미약 주세요.

Medicine for motion sickness, please.
메디쓰인 포ʳ어ʳ 모우션 쓰익니쓰, 플리즈.
약 ~을 위한 멀미 부탁합니다.

영어

De l'antinaupathique, s'il vous plaît.
드 을렁띠노빠띠끄, 씰 부ᵛ 쁠레.
~의 그 멀미약 부탁합니다.

프랑스어

Medicina para el mareo, por favor.
메디씨나 빠라 엘 마레오, 뽀르 파ᶠ보르.
약 ~을 위한 그 멀미 부탁합니다.

스페인어

Mi puoi dare una medicina per la chinetosi?
미 뿨이 다레 우나 메디치나 뻬르 을라 끼네또시?
나에게 할 수 있다 주다 하나의 약 그 멀미를 위해?

이탈리아어

Medikament gegen Reisekrankheit, bitte.
매디카맨트 게겐 라ʳ이제크랑크하이트, 빝테.
약 ~반하여 여행 멀미 부탁합니다.

독일어

		🇬🇧 영국	🇫🇷 프랑스
물		**water** 워어터ʳ	**eau** 오
차		**tea** 티이	**thé** 떼
커피		**coffee** 커어퓌ʲ이	**café** 까페ʲ
콜라		**cola** 코울러	**coca** 꼬꺄
주스		**juice** 쥬우쓰	**jus** 쥐
우유		**milk** 미일크	**lait** 을레
맥주		**beer** 비어ʳ	**bière** 비에흐
펜		**pen** 펜	**stylo** 쓰띨로

스페인	이탈리아	독일
agua 아구아	**acqua** 아꽈	**Wasser** 바ᵛ써
té 떼	**tè** 때	**Tee** 테에
café 까페ᶠ	**caffè** 카패ᶠ	**Kaffee** 카페ᶠ에
cola 꼴라	**coca cola** 커카 컬라	**Cola** 콜라
zumo 쑤모	**succo** 수꼬	**Saft** 자프ᶠ트
leche 을레체	**latte** 을라떼	**Milch** 밀히
cerveza 쎄르베싸	**birra** 비ㄹ~라	**Bier** 비어
bolígrafo 볼리그라포ᶠ	**penna** 빤나	**Kugelschreiber** 쿠겔슈라ᵇ이버

아파요.

영어

I am sick.
아이 앰 쓰이크.
나 ~이다 아픈.

프랑스어

Je suis malade.
쥬 쒸이 말라드.
나 ~이다 아픈.

스페인어

Estoy enfermo.
에쓰또이 엔페르모.
(나) ~이다 아픈.

이탈리아어

Sono malato.
쏘노 말라또.
(나) ~이다 아픈.

독일어

Ich bin krank.
이히 빈 크랑크.
나 ~이다 아픈.

76

제 수하물이 없어졌어요.

My baggage is missing.
마이 배기쥐 이즈 미쓰잉.
나의 수하물 ~이다 사라진.

영어

J'ai perdu mon bagage.
줴 뻬흐뒤 몽 바갸주.
나 ~가지고 있다 잃어버렸다 나의 짐.

프랑스어

He perdido mi equipaje.
에 뻬르디도 미 에끼빠헤.
(나) 잃어버렸다 나의 짐.

스페인어

Ho perso la mia valigia.
어 빼르소 을라 미아 발ᵛ리쟈.
(나) 잃어버렸다 그 나의 수하물.

이탈리아어

Mein Gepäck ist verschwunden.
마인 게패크 이스트 페ᶠ어슈분ᵛ덴.
나의 짐 ~이다 없어지다.

독일어

일상표현

비상상황

비행

교통 (길 찾기)

숙박

식사

쇼핑

관광

PART
04 교통 (길 찾기)

그게
어디에 있나요?

영어

Where is it?

웨어ㄱ 이즈 이트?

어디 ～이다 그것?

프랑스어

C'est où?

쎄 우?

그것 ～이다 어디?

스페인어

¿Dónde está?

¿돈데 에쓰따?

어디 (그것) ～이다?

이탈리아어

Dove è?

도베ⱽ 애?

어디 (그것) ～이다?

독일어

Wo ist es?

보ⱽ 이스트 에스?

어디 ～이다 그것?

128

여기가
어디예요?

Where am I?
웨어ʳ 앰 아이?

어디 ~이다 나?

영어

Où suis-je?
우 쒸이 쥬?

어디 ~이다 나?

프랑스어

¿Dónde estoy?
¿돈데 에쓰또이?

어디 (나) ~이다?

스페인어

Dove sono?
도베ᵛ 쏘노?

어디 (나) ~이다?

이탈리아어

Wo bin ich?
보ᵛ 빈 이ʰ히?

어디 ~이다 나?

독일어

129

화장실이
어디예요?

영어

Where is the toilet?

웨어˩ 이즈 더 토일레트?

어디 ~이다 그 화장실?

프랑스어

Où sont les toilettes?

우 쏭 을레 뚜알레뜨?

어디 ~이다 그 화장실들?

스페인어

¿Dónde está el baño?

¿돈데 에쓰따 엘 바뇨?

어디 ~이다 그 화장실?

이탈리아어

Dov'è il bagno?

도배ˇ 일 바뇨?

어디 ~있다 그 화장실?

독일어

Wo ist die Toilette?

보ˇ 이스트 디 토일렡태?

어디 ~이다 그 화장실은?

Way out →

지하철역을 찾고 있어요.

교통
길찾기

I am looking for a subway station.
아이 앰 을루킹 포어 어 썹웨이 스떼이션.
나 ～이다 보고 있는 ～위해 하나의 지하철역.

영어

Où est la station métro?
우 에 을라 쓰따씨옹 메트흐?
어디 ～있다 그 정거장 지하철?

프랑스어

Estoy buscando una estación de metro.
에쓰또이 부쓰깐도 우나 에쓰따씨온 데 메뜨로.
(나) ～이다 찾는 중 하나의 역 ～의 지하철.

스페인어

Sto cercando la stazione della metropolitana.
스떠 체르깐도 을라 스따치오네 델라 메트로폴리타나.
찾고 있다 그 역 ～의 지하철.

이탈리아어

Ich suche nach U-Bahnstation.
이히 주헤 나흐 우반 슈타치온.
나 찾는다 ～를 향해 지하철역.

독일어

		영국	프랑스
번화가		**downtown** 다운타운	**centre-ville** 썽트흐 빌ᵛ르
주소		**address** 어드뤠쓰	**adresse** 아드헤쓰
박물관		**museum** 뮤지이엄	**musée** 뮈제
미술관		**art museum** 아ʳ트 뮤지이엄	**musée d'art** 뮈제 다흐
은행		**bank** 뱅크	**banque** 벙끄
카페		**cafe** 카페ᶠ이	**café** 까페ᶠ
상점		**store** 스토어ʳ	**magasin** 마가장
매표소		**ticket office** 티킷 어퍼피ᶠ쓰	**guichet** 기셰
버스 정거장		**bus stop** 버쓰 스따프	**station de bus** 쓰따씨옹 드 뷔스
정거장		**station** 스떼이션	**station ǀ gare** 쓰따씨옹 ǀ 갸흐

🇪🇸 스페인	🇮🇹 이탈리아	🇩🇪 독일
centro de la ciudad 쎈뜨로 데 을라 씨우닫	**centro città** 첸뜨로 치따	**Innenstadt** 인낸슈탓트
dirección 디렉씨온	**indirizzo** 인디리쪼	**Adresse** 아드레쎄
museo 무쎄오	**museo** 무새오	**Museum** 무제움
museo de arte 무쎄오 데 아르떼	**mostra** 모스뜨라	**Kunstmuseum** 쿤스트무제움
banco 방꼬	**banca** 반카	**Bank** 방크
café 까페ᶠ	**bar ǀ caffè** 바르 ǀ 까패ᶠ	**Café** 카페ᶠ에
tienda 띠엔다	**negozio** 네거치오	**Geschäft** 게쉐프ᶠ트
taquilla 따끼야	**biglietteria** 빌례떼리아	**Kartenschalter** 카아텐숄터
parada de autobús 빠라다 데 아우또부쓰	**fermata dell'autobus** 페ᵉ르마타 델라우토부스	**Bushaltestelle** 부스할테슈텔래
estación 에쓰따씨온	**fermata** 페ᶠ르마따	**Station** 슈타찌온

거기에
어떻게 갈 수 있죠?

영어

How can I get there?

하우 캔 아이 겟 데어′?

어떻게 할 수 있다 나 도달하다 거기에?

프랑스어

Comment puis-je y aller?

꼬멍 쀠 쥬 이 알레?

어떻게 할 수 있다 나 거기 가다?

스페인어

¿Cómo puedo llegar allí?

¿꼬모 뿌에도 예가르 아이?

어떻게 할 수 있다 (나) 도착하다 저기?

이탈리아어

Come posso andare lì?

코메 뻐쏘 안다레 을리?

어떻게 할 수 있다 (나) 가다 거기에?

독일어

Wie komme ich dorthin?

비′ 콤매 이히 도어트힌?

어떻게 가다 나 그곳에?

82

거기까지
걸어서 갈 수 있나요?

교통
길찾기

Can I go there on foot?
캔 아이 고우 데어^r 어언 푸^f트?
할 수 있다 나 가다 거기에 ~으로 발?

영어

Je peux y aller à pied?
쥬 뾔 이 알레 아 삐에?
나 할 수 있다 그곳에 가다 ~으로 발?

프랑스어

¿Puedo ir a pie?
¿뿌에도 이르 아 삐에?
할 수 있다 (나) 가다 ~로 걸음?

스페인어

Posso andarci a piedi?
뽀쏘 안다르치 아 삐에디?
할 수 있다 (나) 가다(거기에) 발들로?

이탈리아어

Kann ich dort zu Fuß gehen?
칸 이히 도어트 쭈 푸^f쓰 게에엔?
할 수 있다 나 거기에 발로 가다?

독일어

135

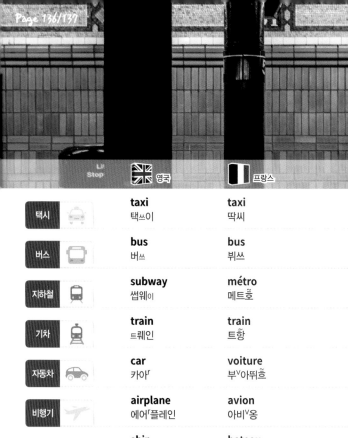

		🇬🇧 영국	🇫🇷 프랑스
택시		**taxi** 택쓰이	**taxi** 딱씨
버스		**bus** 버쓰	**bus** 뷔쓰
지하철		**subway** 썹웨이	**métro** 메트호
기차		**train** 트뤠인	**train** 트항
자동차		**car** 카아ʳ	**voiture** 부ᵛ아뛰흐
비행기		**airplane** 에어ʳ플레인	**avion** 아비ᵛ옹
배		**ship** 쉬입	**bateau** 바또
오토바이		**motorcycle** 모우터ʳ싸이클	**moto** 모또
자전거		**bicycle** 바이쓰이클	**vélo** 벨ᵛ로

스페인	이탈리아	독일
taxi 딱씨	**taxi** 딱시	**Taxi** 탁시
autobús 아우또부쓰	**autobus** 아우또부스	**Bus** 부스
metro 메뜨로	**metropolitana** 메뜨로뽈리따나	**U-Bahn** 우바안
tren 뜨렌	**treno** 뜨래노	**Zug** 쭉
coche 꼬체	**automobile** 아우또머빌레	**Auto** 아우토
avión 아비온	**aeroplano** 아에로쁠라노	**Flugzeug** 플룩쪼이그
barco 바르꼬	**barca** 바르카	**Schiff** 쉬프ᶠ
moto 모또	**motocicletta** 모또치클레따	**Motorrad** 모토어라ᵗ트
bicicleta 비씨끌레따	**bicicletta** 비치클레따	**Fahrrad** 파ᶠ아라ᵗ트

여기.

영어

Here.
히어.
여기.

프랑스어

Voilà.
부ˇ알라.
여기 있다.

스페인어

Aquí.
아끼.
여기.

이탈리아어

Qui.
뀌.
여기에.

독일어

Hier.
히어.
여기.

직선으로 쯕 가세요.

교통
길찾기

Go straight.
고우 스트뤠이트.
가다 곧장.

 영어

Allez tout droit.
알레 뚜 드후아.
가세요 전부 일직선의.

 프랑스어

¡Siga recto!
¡ 씨가 르~엑또!
따라가다 곧장!

 스페인어

Vai dritto.
바ᵛ이 드리또.
가라 곧장.

 이탈리아어

Gehen Sie geradeaus.
게에엔 지 게라데아우스.
가다 당신 곧장.

 독일어

이쪽이에요.

영어

This way.
디쓰 웨이.
이쪽 길.

프랑스어

C'est par ici.
쎄 빠흐 이씨.
그것 ~이다 ~으로 여기.

스페인어

Por aquí.
뽀르 아끼.
~로 여기.

이탈리아어

Di qui.
디 뀌.
~의 여기에.

독일어

Hier entlang.
히어 엔틀랑.
여기 따라.

Take the bus number 7.
테이크 더 버쓰 넘버「 쎄븐ᵛ.

타다 그 버스 번호 7.

영어

Prenez le bus numéro 7.
프흐네 으르 뷔쓰 뉘메호 쎄뜨.

갖다 그 버스 번호 7.

프랑스어

Coja el autobús número 7.
꼬하 엘 아우또부쓰 누메로 씨에떼.

잡다 그 버스 번호 7.

스페인어

Prendete l'autobus numero 7.
쁘랜데테 을라우또부스 누메로 세떼.

타라 그 버스 번호 7.

이탈리아어

Steigen Sie in Bus 7 ein.
슈타이겐 지 인 부스 지이벤 아인.

타다 당신 ~안에 버스 7 분리전철.

독일어

141

87
편도 표
두 장 주세요.

영어

Two one-way tickets, please.
투우 원 웨이 티킷츠, 플리이즈.
두 편도 표들, 부탁합니다.

프랑스어

Deux billets aller-simple, s'il vous plaît.
되 비예 알레 쌍쁠, 씰 부ˇ 쁠레.
두 개의 표들 가다 단순한, 부탁합니다.

스페인어

Dos billetes de ida, por favor.
도쓰 비예떼쓰 데 이다, 뽀르 파ᶠ보르.
두 개의 표들 ~의 가는, 부탁합니다.

이탈리아어

Due biglietti di sola andata, per favore.
두에 빌래띠 디 솔라 안다따, 뻬르 파ᶠ보ˇ레.
두 개의 표들 ~의 단독의 출발, 부탁합니다.

독일어

Zwei einfache Fahrkarten, bitte.
쯔바ˇ이 아인파ᶠ헤 파ᶠ아카아텐, 빝테.
두 편도 표들, 부탁합니다.

Two round tickets, please.
투우 라운드 티킷츠, 플리이즈.
두 왕복표들, 부탁합니다.

영어

Deux billets aller-retour, s'il vous plaît.
되 비예 알레 흐뚜흐, 씰 부ᵛ 쁠레.
두 개의 표들 가다 돌아옴, 부탁합니다.

프랑스어

Dos billetes de ida y vuelta, por favor
도쓰 비예떼쓰 데 이다 이 부엘따. 뽀르 파ᶠ보르.
두 개의 표들 ~의 가는 그리고 오는, 부탁합니다.

스페인어

Due biglietti andata e ritorno, per favore.
두에 빌래띠 안다따 에 리또르노, 뻬르 파ᶠ보ᵛ레.
두 개의 표들 가는 ~와 돌아오는, 부탁합니다.

이탈리아어

Zwei Rundreisetickets, bitte.
쯔바ᵛ이 룬트라이제티켓츠, 빝테.
두 왕복표들, 부탁합니다.

독일어

89
이곳이
얼마나 먼가요?

영어

How far is it?

하우 파f아r 이즈 이트?

얼마나 멀리 ～이다 이것?

프랑스어

C'est à quelle distance?

쎄 아 껠 디쓰떵쓰?

그것 ～이다 ～에 어떤 거리?

스페인어

¿A qué distancia está?

¿아 께 디쓰딴씨아 에쓰따?

～에게 무엇 거리 (그것) ～이다?

이탈리아어

Quanto è lontano?

꽌또 애 을론따노?

얼마나 (그것) ～이다 먼?

독일어

Wie weit ist es?

비v 바v이트 이스트 에스?

얼마나 멀리 ～이다 그것?

몇 정거장이나 떨어져 있나요?

교통
길찾기

How many stops from here?

하우 메니 스따프스 프f롬 히어r?

얼마나 많은 정거장들 ~부터 여기서?

영어

C'est à combien d'arrêts d'ici?

쎄 (ㄸ)아 꽁비앙 다헤 디씨?

그것 ~이다 ~에 얼마나 그 정거장들 여기서?

프랑스어

¿A cuántas paradas de aquí?

¿아 꾸안따쓰 빠라다쓰 데 아끼?

~에게 얼마나 정거장 ~에서 여기?

스페인어

Quante fermate da qui?

꾸안떼 페f르마떼 다 뀌?

얼마나 정거장들 ~로부터 여기에?

이탈리아어

Wie viele Haltestellen von hier?

비v 피f일래 할테슈탤랜 폰f 히어?

얼마나 많이 정거장들 ~에 여기?

독일어

91 어느 버스가 시내로 가나요?

영어

Which bus goes downtown?

위취 버쓰 고우즈 다운타운?

어떤 버스 가다 시내?

프랑스어

Quel bus va au centre de la ville?

껠 뷔쓰 바^{V} 오 썽트흥 드 을라 빌^{V}?

어떤 버스 가다 ~으로 중심 ~의 그 시내?

스페인어

¿Cuál es el autobús que va al centro?

¿꾸알 에쓰 엘 아우또부쓰 께 바 알 쎈뜨로?

어떤 것 ~이다 그 버스 ~하는 가다 ~으로 중심?

이탈리아어

Quale è l'autobus che va in centro?

꾸알레 애 을라우또부스 께 바^{V} 인 첸뜨로?

무엇 ~이다 그 버스 접속사 가다 중심지에?

독일어

Welcher Bus fährt zur Innenstadt?

벨^{V}히어 부스 패^{f}아트 쭈어 인낸슈탓트?

어떤 버스 가다 ~로 시내?

트렁크를 열어주세요.

4 **교통**
길찾기

Open the trunk, please.

오우픈 더 트뤙크, 플리이즈.

열다 그 트렁크, 부탁합니다.

영어

Pouvez-vous ouvrir le coffre, s'il vous plaît?

뿌베ᵛ 부ᵛ 우브ᵛ히흐 을르 꼬프ᶠ흐, 씰 부ᵛ 쁠레?

할 수 있다 당신(들) 열다 그 트렁크, 부탁합니다?

프랑스어

Abra el maletero, por favor.

아브라 엘 말레떼로, 뽀르 파ᶠ보르.

열다 그 트렁크, 부탁합니다.

스페인어

Apra il bagagliaio, per favore.

아쁘라 일 바갈랴요, 뻬르 파ᶠ보ᵛ레.

열어라 그 트렁크, 부탁합니다.

이탈리아어

Können Sie den Kofferraum öffnen?

퀜낸 지 덴 코퍼ᶠ라움 왜낸?

할 수 있다 당신 그 트렁크를 열다?

독일어

	영국	프랑스
해변	**beach** 비이취	**plage** 쁠라주
바다	**sea** 쓰이이	**mer** 메흐
강	**river** 뤼버ᵛˌʳ	**rivière** 히~비ᵛ에흐~
호수	**lake** 을레이크	**lac** 을락끄
계곡	**valley** 뺄ᵛ리	**vallée** 발ᵛ레
산	**mountain** 마운튼	**montagne** 몽따뉴
숲	**forest** 포ᶠ어뤠스트	**forêt** 포ᶠ헤
도시	**city** 쓰이티	**ville** 빌ᵛ르
광장	**square** 스퀘어ʳ	**place** 쁠라쓰
공항	**airport** 에어ʳ포어ʳᵗ트	**aéroport** 아에흐뽀흐

스페인	이탈리아	독일
playa 쁠라야	**spiaggia** 스빠쨔	**Strand** 슈트란트
mar 마르	**mare** 마레	**Meer** 매어
río ㄹ～이오	**fiume** 퓨f메	**Fluss** 풀f루쓰
lago 을라고	**lago** 을라고	**See** 제에
valle 바예	**valle** 발v레	**Tal** 탈
montaña 몬따냐	**montagna** 몬딴냐	**Berg** 베어그
bosque 보쓰께	**foresta** 포f래스따	**Wald** 발v트
ciudad 씨우닫	**città** 치따	**Stadt** 슈탓트
plaza 쁠라싸	**piazza** 삐아짜	**Platz** 플랏쯔
aeropuerto 아에로뿌에르또	**aeroporto** 아에로뽀르또	**Flughafen** 플f룩하펜f

93

여기서
세워 주세요.

영어

Stop here, please.

스따압 히어ʳ, 플리이즈.

멈추다 여기서, 부탁합니다.

프랑스어

Arrêtez-vous ici, s'il vous plaît.

아헤떼 부ᵛ 이씨, 씰 부ᵛ 쁠레.

멈추다 당신(들) 여기, 부탁합니다.

스페인어

Pare aquí, por favor.

빠레 아끼, 뽀르 파ᶠ보르.

멈추다 여기, 부탁합니다.

이탈리아어

Fermati qui, per favore.

페ʳ르마띠 뀌, 뻬르 파ᶠ보ᵛ레.

멈추다 여기에, 부탁합니다.

독일어

Bitte halten Sie hier an.

빝테 할텐 지 히어 안.

제발 멈추다 당신 여기 분리전철.

잔돈은
괜찮아요.

Keep the change.
키입 더 췌인쥐.

가지다 그 잔돈.

 영어

Gardez la monnaie.
갸흐데 을라 모네.

보관하다 그 잔돈.

 프랑스어

Quédate con el cambio.
께다떼 꼰 엘 깜비오.

(너) 머물다 ~와 그 거스름돈.

 스페인어

Tenga il resto.
뗀가 일 래스또.

가지다 그 잔돈.

 이탈리아어

Stimmt so.
슈팀트 소.

맞다 그렇게.

 독일어

여기서 교통카드를
살 수 있어요?

영어

Can I buy a transportation card here?

캔 아이 바이 어 트랜스퍼「테이션 카아「드 히어「?

할 수 있다 나 사다 하나의 교통카드 여기서?

프랑스어

Puis-je acheter un carnet ici?

쀠이 쥬 아슈떼 앙 꺄흐네 이씨?

할 수 있다 나 사다 하나의 까르네(티켓10장 묶음) 여기?

스페인어

¿Puedo comprar una tarjeta de transporte aquí?

¿ 뿌에도 꼼쁘라르 우나 따르헤따 데 뜨란쓰뽀르떼 아끼?

할 수 있다 (나) 사다 하나의 카드 ~의 운임 여기?

이탈리아어

Posso comprare qui una carta di transporto?

뻐쏘 콤프라레 뀌 우나 카르타 디 트란스뻐르또?

할 수 있다 (나) 사다 여기에 하나의 카드 ~의 교통?

독일어

Kann ich hier einen Fahrschein kaufen?

칸 이히 히어 아이낸 파「아소샤인 카우펜「?

할 수 있다 나 여기 하나의 차표를 사다?

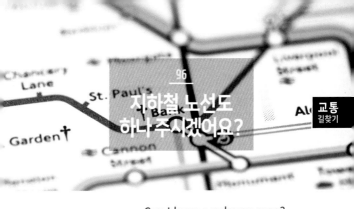

지하철 노선도 하나 주시겠어요?

교통
길찾기

Can I have a subway map?
캔 아이 해브ᵛ 어 썹웨이 매프?
할 수 있다 나 가지다 하나의 지하철 노선도?

영어

Une carte du métro, s'il vous plaît?
윈 까흐뜨 뒤 메트호, 씰 부ᵛ 쁠레?
하나의 지도 (~의) 그 지하철, 부탁합니다.

프랑스어

¿Puedo tener un mapa del metro?
¿뿌에도 떼네르 운 마빠 델 메뜨로?
할 수 있다 (나) 가지다 하나의 지도 지하철의?

스페인어

Posso avere una mappa del metro?
뻐쏘 아베ᵛ레 우나 마빠 델 메뜨로?
할 수 있다 (나) 가지다 하나의 지도 지하철의?

이탈리아어

Kann ich eine U-Bahn-Karte haben?
칸 이히 아이내 우바안 카아테 하벤?
할 수 있다 나 하나의 지하철 지도를 가지고 있다?

독일어

PART
05 숙박

영어

Can I book a room?

캔 아이 부크 어 루움?

할 수 있다 나 예약하다 하나의 방?

프랑스어

Je voudrais réserver une chambre.

쥬 부ᵛ드헤 헤제흐베ᵛ 윈 셩브흐.

나 원하다 예약하다 하나의 방.

스페인어

¿Puedo reservar una habitación?

¿뿌에도 ㄹ~에쎄르바르 우나 아비따씨온?

할 수 있다 (나) 예약하다 하나의 방?

이탈리아어

Vorrei prenotare una stanza.

보ㄹ~래이 쁘레노따레 우나 스딴차.

하고 싶다 (나) 예약하다 하나의 방.

독일어

Kann ich ein Zimmer buchen?

칸 이히 아인 찜머 부헨?

할 수 있다 나 하나의 방을 예약하다?

98

싱글룸으로 주세요.

Single room, please.
쓰잉글 루움, 플리이즈.
싱글룸, 부탁합니다.

영어

Je voudrais une chambre avec un lit.
쥬 부^{V}드헤̃ 윈 셩브흐̃ 아베^{V}끄 앙 을리.
나 원하다 하나의 방 ~와 함께 하나의 침대.

프랑스어

Una habitación individual, por favor.
우나 아비따씨온 인디비두알, 뽀르 파^{f}보르.
하나의 방 개인의, 부탁합니다.

스페인어

Una stanza singola, per favore.
우나 스딴차 신골라, 뻬르 파^{f}보^{V}레.
하나의 방 각자, 부탁합니다.

이탈리아어

Einzelzimmer, bitte.
아인쩰찜머, 빝테.
싱글룸, 부탁합니다.

독일어

		🇬🇧 영국	🇫🇷 프랑스
싱글 침대		**single bed** 쓰잉글 베드	**lit simple** 을리 쌍쁠르
더블 침대		**double bed** 더블 베드	**lit double** 을리 두블르
트윈 침대		**twin bed** 트윈 베드	**lit jumeau** 을리 쥐모
간이침대		**extra bed** 엑쓰트뤄 베드	**lit supplémentaire** 을리 쉬쁠리망떼흐
룸 서비스		**room service** 루움 써어ʳ비ᵛ스	**service de chambre** 쎄흐비ᵛ쓰 드 샹브흐
모닝 콜	07:00	**wake-up call** 웨이크 업 코올	**réveil téléphonique** 헤베ᵛ이 뗄레포ᶠ니끄
수건		**towel** 타우얼	**serviette** 쎄흐비ᵛ에뜨
빗		**brush** 브뤄쉬	**peigne** 뻬뉴
비누		**soap** 쏘웁	**savon** 싸봉ᵛ

스페인	이탈리아	독일
cama individual 까마 인디비두알	letto singolo 을래또 신골로	Einzelbett 아인쩰벳트
cama matrimonial 까마 마뜨리모니알	letto matrimoniale 을래또 마트리모냘레	Doppelbett 돞펠벳트
cama doble 까마 도블레	letto matrimoniale 을래또 마트리모냘레	Zweibett 쯔바ᵛ이벳트
cama adicional 까마 아디씨오날	letto extra 을래또 액스뜨라	Zusatzbett 쭈잣쯔벤트
servicio de habitación 쎄르비씨오 데 아비따씨온	servizio in camera 세르비ᵛ치오 인 카메라	Zimmerdienst 찜머디인스트
despertador telefónico 데쓰뻬르따도르 뗄레포ᶠ니꼬	sveglia 스벨ᵛ랴	Weckanruf 벡ᵛ안루프ᶠ
toalla 또아야	asciugamano 아쓔가마노	Handtuch 한트투흐
peine 뻬이네	pettine 빼띠네	Bürste 뷔어스테
jabón 하본	sapone 싸뽀네	Seife 자이페

숙박료가
얼마인가요?

영어

What is the room rate?

왓 이즈 더 루움 뤠이트?

무엇 ~이다 그 방 요금?

프랑스어

C'est combien le jour?

쎄 꽁비앙 르 주흐?

그것 ~이다 얼마나 그 하루?

스페인어

¿Cuál es el precio de la habitación?

¿꾸알 에쓰 엘 쁘레씨오 데 을라 아비따씨온?

어떤 것 ~이다 그 가격 ~의 그 방?

이탈리아어

Quale è la tariffa giornaliera?

꾸알레 애 을라 따리파 죠르날례라?

무엇 ~이다 그 요금 일일?

독일어

Was ist die Tagesrate?

바ᵛ스 이스트 디 타게스라테?

무엇이 ~이다 그 하루 요금?

100

침대를 추가로
이용할 수 있어요?

Can I have an extra bed?
캔 아이 해브ᵛ 언 엑쓰트뤄 베드?
할 수 있다　나　가지다　하나의 여분의 침대?

영어

Est-ce que je peux avoir un lit supplémentaire?
에쓰끄 쥬 뾔 아부ᵛ아흐 앙 을리 쒸쁠레멍떼흐?
의문　나　할 수 있다　가지고 있다　하나의 침대　추가의?

프랑스어

¿Puedo tener una cama supletoria?
¿뿌에도 떼네르　우나 까마　쑤쁠레또리아?
할 수 있다 (나)　가지다　하나의 침대　보조의?

스페인어

Posso avere un letto in più?
뽀쏘 아베ᵛ레 운 을래또 인 쀼?
할 수 있다 (나)　가지다　하나의 침대　~에 더?

이탈리아어

Kann ich ein zusätzliches Bett haben?
칸 이히 아인 쭈잿쯜리히에스 벳트 하벤?
할 수 있다　나　하나의 추가 침대를　가지고 있다?

독일어

	영국	프랑스
환율	**exchange rate** 익쓰췌인쥐 뤠이트	**taux de change** 또 드 셩주
사용료	**usage fee** 유우쓰이쥐 피^{f}이	**frais d'utilisation** 프^{f}헤 뒤띨리자씨옹
봉사료	**service charge** 써어^{r}비^{v}스 좌아^{r}쥐	**frais de service** 프^{f}헤 드 쎄흐비쓰
할증 요금	**extra charge** 엑쓰트뤄 좌아^{r}쥐	**supplément** 쒸쁠레멍
객실별 가격	**room rate** 루움 뤠이트	**tarif de chambre** 따히프^{f} 드 셩브흐
입장료	**admission fee** 어드미쎤 피^{f}이	**prix d'entrée** 프히 덩트헤
표	**ticket** 티킷	**billet** 비예

🇪🇸 스페인	🇮🇹 이탈리아	🇩🇪 독일
tasa de cambio 따싸 데 깜비오	**tasso di cambio** 따쏘 디 캄뵤	**Wechselkurs** 베ᵛ히셀쿠어스
cargo por uso 까르고 뽀르 우쏘	**tassa di utilizzo** 따싸 디 우띨리조	**Nutzungsgebühr** 눗쭝스게뷔어
comisión por el servicio 꼬미씨온 뽀르 엘 쎄르비씨오	**servizio a pagamento** 쎄르비ᵛ치오 아 빠가멘또	**Bearbeitungsgebühr** 베아바이퉁스게뷔어
gasto adicional 가쓰또 아디씨오날	**costo aggiuntivo** 코스또 아쥰띠보ᵛ	**Aufpreis** 아우프ᶠ프라이스
tarifa de la habitación 따리파ᶠ 데 ᴸ라 아비따씨온	**prezzo della camera** 쁘래쪼 델라 카메라	**Zimmerpreis** 찜머프라ᵣ이스
precio de la entrada 쁘레씨오 데 ᴸ라 엔뜨라다	**ingresso a pagamento** 인그래쏘 아 빠가멘또	**Aufnahmegebühr** 아우프ᶠ나아매게뷔어
entradas 엔뜨라다쓰	**biglietto** 빌래또	**Ticket** 티켓트

체크인하고 싶습니다.

영어

Check in, please.
쉐크 인, 플리이즈.
체크인. 부탁합니다.

프랑스어

Check-in, s'il vous plaît.
체크 인, 씰 부ᵛ 쁠레.
체크인. 부탁합니다.

스페인어

Check-in, por favor.
체낀, 뽀르 파ᶠ보르.
체크인. 부탁합니다.

이탈리아어

Vorrei fare il check in.
보르~래이 파ᶠ레 일 체크-인.
(나) 하고 싶다 ~하다 그 체크인.

독일어

Einchecken, bitte.
아인췌켄, 빝테.
체크인. 부탁합니다.

164

102

예약하셨나요?

Did you make a reservation?

디드 유우 메이크 어 뤠져「베ᵛ이션?

했다 너 만들다 하나의 예약?

영어

Vous avez réservé?

부ᵛ (ㅈ)아베ᵛ 헤제흐베ᵛ?

당신(들) 가지고 있다 예약했다?

프랑스어

¿Has hecho una reserva?

¿아쓰 에초 우나 ㄹ~에쎄르바?

했다 하다 하나의 예약?

스페인어

Hai fatto una prenotazione?

아이 파「또 우나 쁘레노따치오네?

했다 하나의 예약?

이탈리아어

Haben Sie eine Reservierung?

하벤 지 아이내 레저비ᵛ어룽?

가지고 있다 당신 하나의 예약을?

독일어

인터넷으로
예약했어요.

영어	**I made a reservation online.** 아이 메이드 어 뤠져`베`이션 온라인. 나 만들었다 하나의 예약 온라인으로.
프랑스어	**J'ai fait une réservation en ligne.** 줴 페`윈 헤제흐바`씨옹 엉 리뉴. 나는 ~가지고 있다 했다 하나의 예약 ~에 선.
스페인어	Hice una reservación online. 이쎄 우나 ㄹ~에쎄르바씨온 온라인. 했다 하나의 예약 온라인.
이탈리아어	**Ho fatto una prenotazione online.** 어 파`또 우나 프레노타치오네 온라인. 했다 하나의 예약 온라인.
독일어	Ich habe im Internet reserviert. 이히 하베 임 인터넷 뤠저비`어트. 나 가지고 있다 ~안에 인터넷 예약했다.

104
여권 좀
보여 주시겠어요?

May I see your passport?
메이 아이 쓰이 유어ᴿ 패쓰포어ᴿ트?
내가 해도 될까 보다 너의 여권?

영어

Puis-je voir votre passeport?
쀠 쥬 부ᵛ아흐 보ᵛ트흐 빠쓰뽀흐?
할 수 있다 나 보다 당신(들)의 여권?

프랑스어

¿Puedo ver su pasaporte?
¿뿌에도 베르 쑤 빠싸뽀르떼?
할 수 있다 보다 당신의 여권?

스페인어

Mi fa vedere il passaporto.
미 파ᶠ 베ᵛ데레 일 빠싸뽀르또.
나에게 하다 보다 그 여권.

이탈리아어

Zeigen Sie bitte Ihren Pass?
짜이겐 지 빝테 이어렌 파쓰?
보여주다 당신 부탁합니다 당신의 여권?

독일어

아침 식사는 언제인가요?

영어

What time is breakfast?
왓 타임 이즈 브뤡퍼'스트?
몇 시 ~이다 아침 식사?

프랑스어

À quelle heure est le petit-déjeuner?
아 껠르 외흐 에 으르 쁘띠 데죄네?
~에 어떤 시간 ~이다 그 작은 점심?

스페인어

¿A qué hora es el desayuno?
¿아 께 오라 에쓰 엘 데싸유노?
~에게 무엇 시간 ~이다 그 아침 식사?

이탈리아어

A che ora è la colazione?
아 께 오라 애 을라 콜라치오네?
~에 어떤 시간 ~이다 그 아침 식사?

독일어

Wann gibt es Frühstück?
반ᵛ 깁트 에스 프'휘슈튁?
언제 주다 그것 아침 식사?

106
가방을 보관해 주실 수 있나요?

Can you keep my bags?
캔 유우 키입 마이 배그스?
할 수 있다 너 보관하다 내 가방들?

영어

Pouvez-vous garder mon bagage?
뿌베ˇ 부ˇ 갸흐~데 몽 바갸주?
할 수 있다 당신(들) 보관하다 나의 짐?

프랑스어

¿Puedes guardar mi equipaje?
¿뿌에데쓰 구아르다르 미 에끼빠헤?
할 수 있다 저장하다 나의 짐?

스페인어

Mi potete custodire i bagagli prima di fare il check-in?
미 뽀떼떼 쿠스또디레 이바갈리 쁘리마 디 파레 일체크-인?
나에게 할 수 있다 지키다 그 수하물들 전에 ~의 하다 그 체크인?

이탈리아어

Können Sie mein Gepäck aufbewahren?
쾬낸 지 마인 게패크 아우프ᶠ베바ˇ아뤤?
할 수 있다 당신 나의 짐을 보관하다?

독일어

169

여기
502호인데요.

영어

This is room number 502.
디쓰 이즈 루움 넘버ʳ 파ᶠ이브ᵛ 오우 투우.

이것 ~이다 방 번호 502.

프랑스어

Ça, c'est la chambre cinq cent deux.
싸, 쎄 을라 셩브흐 쌍 썽 되.

그것. 그것 ~이다 그 방 502.

스페인어

Esta es la habitación 502.
에쓰따 에쓰 을라 아비따씨온 끼니엔또쓰 도쓰.

여기 ~이다 그 방 502.

이탈리아어

Sono nella stanza 502.
쏘노 넬라 스딴차 친퀘첸토두에.

(나) ~이다 ~의 방 502.

독일어

Hier ist die Zimmernummer 502.
히어 이스트 디 찜머눔머 퓜ᶠ프ᶠ훈더트운트쯔바ᵛ이.

여기 ~이다 그 방 번호 502.

108
인터넷을
사용할 수 있나요?

Can I use the Internet?

캔 아이 유우즈 디 인터「네트?

할 수 있다 나 사용하다 그 인터넷?

영어

Puis-je utiliser l'Internet ?

쀠 쥬 위띨리제 을랑떼흐넷 ?

할 수 있다 나 사용하다 그 인터넷 ?

프랑스어

¿Puedo utilizar el Internet?

¿ 뿌에도 우띨리싸르 엘 인떼르넷?

할 수 있다 사용하다 그 인터넷?

스페인어

Posso usare Internet?

뻐쏘 우사레 인떼르넷?

할 수 있다 사용하다 인터넷?

이탈리아어

Kann ich das Internet verwenden?

칸 이히 다스 인터넷 페「어벤ᵛ덴?

할 수 있다 나 그 인터넷을 사용하다?

독일어

171

109
변환 플러그가
있나요?

영어

Do you have an adaptor?
두우 유우 해브ᵛ 언 어댑터ʳ?
하다 너 가지고 있다 하나의 변환기?

프랑스어

Avez-vous un convertisseur?
아베ᵛ 부ᵛ 엉 꽁베ᵛ흐띠쐬흐?
가지고 있다 당신(들) 하나의 변환기?

스페인어

¿Tienen un convertidor?
띠에넨 운 꼰베르띠도르 ?
가지고 있다 (당신) 하나의 변환기?

이탈리아어

Hai un adattatore?
아이 운 아다따또레?
가지고 있다 (당신) 하나의 변환기?

독일어

Haben Sie einen Adapter?
하벤 지 아이낸 아답터?
가지고 있다 당신 하나의 변환기?

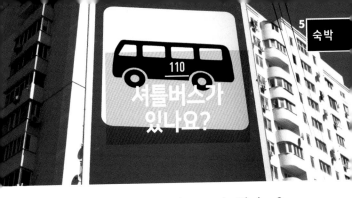

Do you have a shuttle bus?

두우 유우 해브ᵛ 어 셔틀 버스?

영어

하다 너 가지고 있다 하나의 셔틀버스?

Avez-vous une navette?

아베ᵛ 부ᵛ 윈 나베ᵛ뜨?

프랑스어

가지고 있다 당신(들) 하나의 셔틀버스?

Tienen servicio de autobuses?

띠에넨 쎄르비씨오 데 아우또부쎄쓰?

스페인어

가지고 있다 (당신) 서비스 ~의 버스들?

C'è una bus navetta?

채 우나 부스 나베ᵛ따?

이탈리아어

(여기에) ~이 있다 하나의 버스 왕복의?

Haben Sie einen Shuttlebus?

하벤 지 아이낸 셔틀부스?

독일어

가지고 있다 당신 하나의 셔틀버스?

택시를 좀 불러 주세요.

영어

Call a taxi, please.
코올 어 택쓰이, 플리이즈.
부르다 하나의 택시, 부탁합니다.

🇫🇷
프랑스어

Pouvez-vous appeler un taxi?
뿌베ᵛ 부ᵛ 아쁠레 앙 딱씨?
할 수 있다 당신(들) 부르다 하나의 택시?

스페인어

Necesito un taxi, por favor.
네쎄씨또 운 딱씨, 뽀르 파ᶠ보르.
(나) 필요하다 하나의 택시, 부탁합니다.

🇮🇹
이탈리아어

Mi puoi chiamare un taxi?
미 뿨이 캬마레 운 딱씨?
나에게 할 수 있다 (너) 부르다 하나의 택시?

독일어

Rufen Sie ein Taxi, bitte.
루펜ᶠ 지 아인 탁시, 빝테.
부르다 당신 하나의 택시, 부탁합니다.

112

뜨거운 물이 나오지 않아요.

There is no hot water.
데어 이즈 노우 핫 워어터.
~있다 0의 뜨거운 물.

영어

Il n'y a pas d'eau chaude.
일 니 아 빠 도 쇼드.
~이 있다 부정 ~의 물 뜨거운.

프랑스어

No hay agua caliente.
노 아이 아구아 깔리엔떼.
부정 ~이 있다 물 뜨거운.

스페인어

Non esce l'acqua calda.
논 에쎄 을라꽈 칼다.
부정 나오다 그 물 뜨거운.

이탈리아어

Es gibt kein heißes Wasser.
에스 깁트 카인 하이쎄스 바써.
그것 주다 부정 뜨거운 물.

독일어

175

113
에어컨이
작동하지 않아요.

영어

The air-conditioner doesn't work.
디 에어ʳ－컨디셔너ʳ 더즌트 워어ʳㅋ.
그 에어컨 [부정] 작동하다.

프랑스어

Le climatiseur ne marche pas.
을르 끌리마띠죄ㅎ 느 마ㅎ슈 빠.
그 에어컨 [부정] 작동하다 [부정].

스페인어

El aire acondicionado no funciona.
엘 아이레 아꼰디씨오나도 노 푼ʰ씨오나.
그 에어컨 [부정] 기능을 하다.

이탈리아어

L'aria condizionata non funziona.
을라리아 콘디치오나따 논 푼ʰ치오나.
그 에어컨 [부정] 작동하다.

독일어

Die Klimaanlage funktioniert nicht.
디 클리마안을라게 풍ʰ크치오니어트 니히트.
그 에어컨은 작동하다 [부정].

176

114

열쇠를 잃어버렸어요.

I lost my key.
아이 을로오스트 마이 키이.
나 잃었다 내 열쇠.

영어

J'ai perdu ma clé.
줴 뻬흐뒤 마 끌레.
나 ~가지고 있다 잃어버렸다 나의 열쇠.

프랑스어

He perdido mi llave.
에 뻬르디도 미 야베.
(나) 잃어버렸다 나의 열쇠.

스페인어

Ho perso la mia chiave.
어 빼르소 을라 미아 꺄베v.
(나) 잃어버렸다 그 나의 열쇠.

이탈리아어

Ich habe meinen Schlüssel verloren.
이히 하베 마이낸 슐뤼쎌 페f얼로어렌.
나 가지고 있다 나의 열쇠를 잃어버렸다.

독일어

🇬🇧 영국　　　🇫🇷 프랑스

텔레비전		**television** 텔레비V젼	**télévision** 뗄레비V지옹
미니 바		**mini bar** 미니 바아r	**mini bar** 미니 바ㅎ
에어컨		**air conditioner** 에어r 컨디셔너r	**climatiseur** 클리마티죄ㅎ
선풍기		**fan** 팬f	**ventilateur** 벙V띨라뙤ㅎ
전등		**lamp** 을램프	**lampe** 을렁쁘
전화기		**telephone** 텔레포f운	**téléphone** 뗄레폰f
인터넷		**Internet** 인터r넷	**Internet** 앙떼ㅎ네뜨
무선 인터넷		**Wi-Fi** 와이파f이	**Wi-Fi** 위피f
금고		**safety-deposit-box** 쎄이프f티-디파짓-바악쓰	**coffre-fort** 꼬프f흐 포f흐
문		**door** 도오어r	**porte** 뽀흐뜨

🇪🇸 스페인	🇮🇹 이탈리아	🇩🇪 독일
televisión 뗄레비씨온	**televisione** 뗄레비ᵛ시오네	**Fernsehen** 페ᶠ언제에엔
mini bar 미니 바르	**mini bar** 미니 바ᵣ	**Minibar** 미니바
aire acondicionado 아이레 아꼰디씨오나도	**aria condizionata** 아리아 콘디치오나따	**Klimaanlage** 클리마안을라게
ventilador 벤띨라도르	**ventilatore** 벤ᵛ띨라또레	**Ventilator** 벤ᵛ틸라토어
lámpara 을람빠라	**lampada** 을람빠다	**Lampe** 을람페
teléfono 뗄레포ᶠ노	**telefono** 뗄래포ᶠ노	**Telefon** 텔레폰ᶠ
Internet 인떼르넷	**Internet** 인떼르넷	**Internet** 인터넷
Wi-Fi 와이파ᶠ이	**Wi-Fi** 와이파ᶠ이	**W-LAN** 베ᵛ을란
caja de seguridad 까하 데 쎄구리닫	**cassetta** **di sicurezza** 카쎄따 디 시쿠레차	**Tresor** 트레조어
puerta 뿌에르따	**porta** 뽀르따	**Tür** 튀어

115

옆방이
너무 시끄러워요.

영어

My next door is too noisy.

마이 넥스트 도오어 이즈 투우 노이지.

나의 옆 방 ～이다 너무 시끄러운.

프랑스어

La chambre d'à côté est trop bruyante.

을라 셩브흐 다 꼬떼 에 트흥 브휘영뜨.

그 방 ～의 옆에 ～이다 지나치게 시끄러운.

스페인어

La habitación de al lado hace demasiado ruido.

을라 아비따씨온 데 알을라도 아쎄 데마씨아도 ㄹ～우이도.

그 방 ～의 옆 하다 지나친 소리.

이탈리아어

La stanza accanto è troppo rumorosa.

을라 스딴차 아깐또 애 뜨러뽀 루모로사.

그 방 근처에 ～이다 너무 많이 시끄러운.

독일어

Das Nebenzimmer ist zu laut.

다스 내벤찜머 이스트 쭈 을라우트.

그 옆방은 ～이다 너무 시끄러운.

116

내 방을
바꾸고 싶어요.

I want to change my room.

아이 원트 투 췌인쥐 마이 루움.

영어

나 원하다 바꾸기 내 방.

Je veux changer de chambre.

쥬 뵈ⱽ 셩제 드 셩브흐.

프랑스어

나 원하다 바꾸다 ~의 방.

Quiero cambiar de habitación.

끼에로 깜비아르 데 아비따씨온.

스페인어

(나) 원하다 바꾸다 ~를 방.

Voglio cambiare stanza.

벌ⱽ료 캄뱌레 스딴차.

이탈리아어

(나) 원하다 바꾸다 방.

Ich möchte ein anderes Zimmer.

이히 뫼히테 아인 안더레스 찜머.

독일어

나 원하다 하나의 다른 방.

181

일상표현

비상상황

비행

교통 (길 찾기)

숙박

식사

쇼핑

관광

금연석으로 주세요.

117

영어

Non-smoking area, please.
난 스모우킹 에뤼어, 플리이즈.
금연하는 구역, 부탁합니다.

프랑스어

Une place non-fumeur, s'il vous plaît.
윈 쁠라쓰 농 퓌ᶠ뫼흥, 씰부ᵛ쁠레.
하나의 자리 금연, 부탁합니다.

스페인어

Me gustaría una mesa para no fumadores, por favor.
메 구쓰따리아 우나메싸 빠라 노푸ᶠ마도레쓰, 뽀르파ᶠ보르.
나 좋겠다 하나의 테이블 ~을 위한 금연자들, 부탁합니다.

이탈리아어

Vorrei un tavolo per non fumatori, per favore.
보르~래이 운 따볼ᵛ로 뻬르 논 푸ᶠ마또리, 뻬르 파ᶠ보ᵛ레.
하고 싶다 하나의 식탁 ~를 위해 [부정] 흡연자들, 부탁합니다.

독일어

Nichtraucherbereich, bitte.
니히트라우허베라이히, 빝테.
금연구역, 부탁합니다.

118
7시에
2명 예약이요.

Reservation at 7 for 2.
뤠져「베V이션 엣 쎄븐V 포「어 투우.

예약 ~에 7시 ~를 위해 2.

영어

Une table pour deux à dix-neuf heures.
원 따블르 뿌흐 되 아 디즈 뇌프f (ㅂ)V외흐.

하나의 테이블 ~을 위해 2 ~에 19시.

프랑스어

Me gustaría hacer una reservación a las siete para dos personas.
메 구쓰따리아 아쎄르 우나 ㄹ~에쎄르바씨온
아 올라쓰 씨에떼 빠라 도쓰 뻬르쏘나쓰.

나 ~좋겠다 ~하다 하나의 예약 ~에 7시 ~을 위해 두 명.

스페인어

Vorrei fare una prenotazione alle sette, per due persone.
보르~래이 파f레 우나 쁘레노따치오네 알레 새떼, 뻬르 두에 뻬르소네.

~하고 싶다 ~하다 하나의 예약 7시에, 두 명을 위해.

이탈리아어

Reservierung um 7 Uhr für 2, bitte.
레저비V어룽 움 지벤 우어 퓌f어 쯔바V이, 빝테.

예약 7시에 ~위해 2, 부탁합니다.

독일어

예약해 뒀어요.

영어

I have a reservation.
아이 해브ᵛ 어 뤠져ʳ베ᵛ이션.
나 가지고 있다 하나의 예약.

프랑스어

J'ai déjà réservé.
줴 데자 헤제흐베ᵛ.
나는 ~가지고 있다 이미 예약했다.

스페인어

Tengo una reservación.
뗑고 우나 ㄹ~에쎄르바씨온.
(나) 가지고 있다 하나의 예약.

이탈리아어

Ho una prenotazione.
어 우나 쁘레노따치오네.
(나) 가지고 있다 하나의 예약.

독일어

Ich habe reserviert.
이히 하베 레ᵉ저비ᵛ어트.
나 가지고 있다 예약했다.

120

좋은 식당을 추천해 주실 수 있나요?

Can you recommend a good restaurant?

캔 유우 뤠커멘드 어 구드 뤠스터롸안트?

할 수 있다   너   추천하다   하나의 좋은 식당?

영어

Vous connaissez un bon restaurant?

부ᵛ 꼬네쎄 앙 봉 헤쓰또헝?

당신(들)   안다   하나의 좋은 식당?

프랑스어

¿Puedes recomendarme un buen restaurante?

¿뿌에데쓰 ㄹ~에꼬멘다르메 운 부엔 ㄹ~에쓰따우란떼?

할 수 있다 (너)   추천하다(나에게)   하나의 좋은   식당?

스페인어

Mi puoi consigliare un buon ristorante?

미 뿨이 콘실랴레 운 뷘 리스또란떼?

나에게   할 수 있다 (너)   추천하다   하나의 좋은 식당?

이탈리아어

Können Sie ein gutes Restaurant empfehlen?

쾬낸 지 아인 구테스 뤠스터랑 엠프페ⁱ엘랜?

할 수 있다   당신   하나의 좋은   레스토랑을   추천하다?

독일어

저기요
(종업원을 부를 때).

영어 | **Excuse me.**
익쓰큐우즈 미이.
양해하다   나. |

프랑스어	**Excusez-moi.**
엑쓰뀌제 무아.
용서하세요 나.

스페인어 | **¡Disculpe!**
¡디쓰꿀뻬!
실례합니다! |

이탈리아어	**Scusatemi.**
스쿠사떼미.
용서하다(나를).

독일어 | **Entschuldigung.**
엔트쓜디궁.
실례합니다. |

122

주문할게요.

Order, please.
오오「더「, 플리이즈.
주문, 부탁합니다.

영어

Puis-je commander, s'il vous plaît.
쀠이 쥬 꼬멍데, 씰 부ᵛ 쁠레.
할 수 있다 나 주문하다, 부탁합니다.

프랑스어

¿Puedo hacer el pedido, por favor?
¿뿌에도 아쎄르 엘 뻬디도, 뽀르 파「보르?
할 수 있다 (나) 하다 그 주문, 부탁합니다?

스페인어

Posso ordinare, per favore?
뻐쏘 오르디나레, 뻬르 파「보ᵛ레?
할 수 있다 (나) 주문하다, 부탁합니다?

이탈리아어

Bestellung bitte.
베슈텔룽 빝테.
주문 부탁합니다.

독일어

이걸로 주세요.

영어

This one, please.
디쓰 원, 플리이즈.
이것, 부탁합니다.

프랑스어

Ça, s'il vous plaît.
싸, 씰 부ᵛ 쁠레.
이것, 부탁합니다.

스페인어

Este, por favor.
에쓰떼, 뽀르 파ᶠ보르.
이것, 부탁합니다.

이탈리아어

Questo, per favore.
꿰스또, 뻬르 파ᶠ보ᵛ레.
이것, 부탁합니다.

독일어

Das da bitte.
다스 다 빝테.
그것 거기 부탁합니다.

나눠서 먹자.

식사

Let's share.
을렛츠 쉐어ʳ.
하자 나누다.

영어

Partageons.
빠흐따죵.
나눕시다.

프랑스어

Compartamos.
꼼빠르따모쓰.
나누어라.

스페인어

Condividiamo.
콘디비ᵛ댜모.
나누자.

이탈리아어

Lass uns teilen.
을라쓰 운스 타일렌.
두어라 우리 나누다.

독일어

		🇬🇧 영국	🇫🇷 프랑스
쌀		**rice** 라이스	**riz** 히
빵		**bread** 브뤠드	**pain** 빵
고기		**meat** 미잇	**viande** 비ᵛ엉드
소고기		**beef** 비이프ᶠ	**bœuf** 뵈프ᶠ
양고기		**lamb** ǀ **mutton** 을램 ǀ 머튼	**agneau** 아뇨
돼지고기		**pork** 포억ʳ	**porc** 뽀흐̃
오리고기		**duck** 더억	**canard** 까나흐
닭고기		**chicken** 치킨	**poulet** 뿔레
계란		**egg** 에엑	**œuf** 외프ᶠ
생선		**fish** 피ᶠ쉬	**poisson** 뿌아쏭

스페인	이탈리아	독일
arroz 아르~오쓰	**riso** 리조	**Reis** 라̃이스
pan 빤	**pane** 빠네	**Brot** 브로̃트
carne 까르네	**carne** 카르네	**Fleisch** 플ʳ라이쉬
ternera 떼르네라	**manzo** 만조	**Rindfleisch** 린̃트플ʳ라이쉬
cordero 꼬르데로	**agnello** 안녤로	**Lammfleisch │ Hammelfleisch** 을람플ʳ라이쉬 │ 함맬플ʳ라이쉬
cerdo 쎄르도	**carne di maiale** 카르네 디 마얄레	**Schweinefleisch** 슈바ᵛ이내플ʳ라이쉬
pato 빠또	**anatra** 아나뜨라	**Entenfleisch** 엔텐플ʳ라이쉬
pollo 뽀요	**pollo** 뽈로	**Hühnerfleisch** 휘너플ʳ라이쉬
huevo 우에보	**uovo** 워보ᵛ	**Ei** 아이
pescado 뻬쓰까도	**pesce** 뻬쎼	**Fisch** 피ʳ쉬

		🇬🇧 영국	🇫🇷 프랑스

야채		**vegetable** 베V쥐터블	légume 을레귐
감자		**potato** 포테이토우	pomme de terre 뽐므 드 떼흐
고구마		**sweet potato** 스위잇 포테이토우	patate douce 빠따뜨 두쓰
당근		**carrot** 캐뤄엇	carotte 꺄호뜨
양파		**onion** 어니언	oignon 오뇽
마늘		**garlic** 가알V릭	ail 아이
토마토		**tomato** 터메이토우	tomate 또마뜨
견과류		**nut** 넛	cacahouète 꺄꺄우에뜨
버섯		**mushroom** 머쉬루움	champignon 성삐뇽
수돗물		**tap water** 태프 워어터ʳ	carafe d'eau 꺄하프f 도

스페인	이탈리아	독일
vegetal 베헤딸	**verdura** 베ᵛ르두라	**Gemüse** 게뮈제
patata 빠따따	**patata** 빠따따	**Kartoffel** 카토펠ᶠ
batata 바따따	**patata dolce** 빠따따 돌체	**Süßkartoffel** 쉬쓰카토펠ᶠ
zanahoria 싸나오리아	**carota** 카러따	**Karotte** 카롯테
cebolla 쎄보야	**cipolla** 치뽈라	**Zwiebel** 쯔비ᵛ벨
ajo 아호	**aglio** 알료	**Knoblauch** 크노블라우흐
tomate 또마떼	**pomodoro** 뽀모더로	**Tomate** 토마테
cacahuete 까까우에떼	**arachide** 아라끼데	**Nuss** 누쓰
champiñón 참삐뇬	**fungo** 푼ᶠ고	**Pilz** 필쯔
agua del grifo 아구아 델 그리포ᶠ	**acqua di rubinetto** 아꽈 디 루비네또	**Leitungswasser** 라이퉁스바ᵛ써

	🇬🇧 영국	🇫🇷 프랑스
구이	**roasted** 로스티이드	**rôti** 호띠
튀김	**deep-fried** 디이프-프롸이드	**frit** 프ʰ히
볶음	**stir-fried** 스터어ʳ-프롸이드	**sauté** 쏘떼
부침	**fried** 프롸이드	**frit** 프ʰ히
조림	**boiled** 보일드	**mijoté** 미죠떼
찜	**steamed** 스띠임드	**à la vapeur** 아 을라 바ᵛ뾔흐
삶음	**boiled** 보일드	**bouilli** 부이
무침	**seasoned** 쓰이즌드	**assaisonné** 아쎄조네
데침	**blanched** 블랜취트	**ébouillanté** 에부이엉떼
절임	**pickled** 피끌드	**saumuré** 쏘뮈헤

스페인	이탈리아	독일
asado 아싸도	**arrostito** 아르~로스띠또	**gebraten** 게브라텐
frito 프l리또	**fritto** 프l리또	**gebraten** 게브라텐
revuelto ㄹ~에부엘또	**saltato in padella** 살따또 인 빠델라	**pfannegerührt** 프판l내게뤼어트
frito 프l리또	**fritto** 프l리또	**gebraten** 게브라텐
hervido 에르비도	**bollito** 볼리또	**gekocht** 게코흐트
al vapor 알 바뽀르	**vaporizzato** 바v뽀리짜또	**gedünstet** 게뒨스테트
hervido 에르비도	**bollito** 볼리또	**gekocht** 게코흐트
sazonado 싸쏘나도	**stagionato** 스따죠나또	**gewürzt** 게뷔v어쯔트
blanqueado 블란께아도	**sbollo** 스볼로	**blanchieren** 블란쉬어렌
escabechado 에쓰까베차도	**sottaceto** 소따체또	**eingelegt** 아인겔랙트

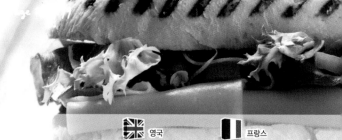

	영국	프랑스
수프	**soup** 쑤웁	**soupe** 쑤쁘
샐러드	**salad** 쌜러드	**salade** 쌀라드
햄버거	**hamburger** 햄버「어거「	**hamburger** 엉뷔흐괴흐
감자튀김	**French fries** 프「뤤취 프「라이즈	**frites** 프「히」뜨
샌드위치	**sandwich** 쌘드위취	**sandwich** 썽드위치
토스트	**toast** 토우스트	**toast** 또쓰뜨
피자	**pizza** 핏짜	**pizza** 삣자
스테이크	**steak** 스떼이크	**steak** 쓰떽
파스타	**pasta** 파아스따	**pâtes** 빠뜨
국수	**noodle** 누우들	**nouilles** 누이유

스페인	이탈리아	독일
sopa 쏘빠	**zuppa** 주빠	**Suppe** 숲페
ensalada 엔쌀라다	**insalata** 인살라따	**Salat** 잘라트
hamburguesa 암부르게싸	**hamburger** 암부르게르	**Hamburger** 함부어거
patatas fritas 빠따따쓰 프리따쓰	**patatine fritte** 빠따띠네 프리떼	**Pommes frites** 폼프릿츠
sándwich 싼드위치	**panino** 빠니노	**Sandwich** 샌드비취
tostada 또쓰따다	**toast** 떠스뜨	**Toast** 토스트
pizza 삣싸	**pizza** 삐짜	**Pizza** 핏짜
filete 필레떼	**bistecca** 비스떼까	**Steak** 스테이크
pasta 빠쓰따	**pasta** 빠스따	**Pasta** 파스타
fideos 피데오쓰	**spaghetti** 스빠게띠	**Nudel** 누델

메뉴판 주세요.

영어

Menu, please.
메뉴우, 플리이즈.
메뉴판. 부탁합니다.

프랑스어

La carte, s'il vous plaît.
을라 꺄흐뜨, 씰 부ᵛ 쁠레.
그 메뉴, 부탁합니다.

스페인어

La carta, por favor.
을라 까르따, 뽀르 파ᶠ보르.
그 메뉴, 부탁합니다.

이탈리아어

Il menù, per favore.
일 메누, 뻬르 파ᶠ보ᵛ레.
그 메뉴, 부탁합니다.

독일어

Speisekarte bitte.
슈파이제카아테 빝테.
메뉴 부탁합니다.

126
한국어 메뉴판 있어요?

Do you have a Korean menu?
두우 유우 해브ᵛ 어 커뤼이안 메뉴우?

하다 너 가지고 있다 하나의 한국어 메뉴판?

영어

Vous avez un menu en coréen?
부ᵛ (ㅈ)아베ᵛ 엉 므뉘 엉 꼬헤앙?

당신(들) 가지고 있다 하나의 메뉴 ~으로 한국어?

프랑스어

Tienen el menú en coreano?
띠에넨 엘 메뉴 엔 꼬레아노?

가지고 있다 (당신들) 그 메뉴 ~으로 한국의?

스페인어

Avete un menu in coreano?
아베ᵛ테 운 메뉴 인 코레아노?

가지고 있다 (당신들) 하나의 메뉴 한국어로?

이탈리아어

Haben Sie koreanisches Menü?
하벤 지 코레아니쉐스 메뉘?

가지고 있다 당신 한국어 메뉴?

독일어

201

| | 영국 | 프랑스 |

		salt 써어얼트	sel 쎌
소금			

		sugar 슈거ʳ	sucre 쒸크흐
설탕			

		pepper 페뻐ʳ	poivre 뿌아브ᵛ흐
후추			

		soy sauce 쏘이 쏘오ㅅ	sauce soja 쏘쓰 쏘자
간장			

		soybean paste 쏘이비인 페이스트	pâte de soja 빠뜨 드 쏘쟈
된장			

		vinegar 베ᵛ네거ʳ	vinaigre 비ᵛ네그흐
식초			

		wasabi 와아사비	wasabi 와사비
와사비			

		chili oil 치을리 오일	huile de chili 윌 드 쉴리
고추기름			

스페인	이탈리아	독일
sal 쌀	**sale** 쌀레	**Salz** 잘쯔
azúcar 아쑤까르	**zucchero** 주께로	**Zucker** 쭈커
pimienta 삐미엔따	**pepe** 뻬뻬	**Pfeffer** 프페f퍼f
salsa de soja 쌀싸 데 쏘하	**salsa di soia** 살사 디 서야	**Sojasoße** 소아소쎄
pasta de soja 빠쓰따 데 쏘하	**pasta di soia fermentata** 빠스따 디 서야 페r멘따따	**Sojabohnenbrei** 소야보오낸브라이
vinagre 비나그레	**aceto** 아체또	**Essig** 에씨히
wasabi 와싸비	**wasabi** 와사비	**Wasabi** 와사비
aceite de chile 아쎄이떼 데 칠레	**olio di peperoncino** 얼리오 디 뻬뻬론치노	**Chiliöl** 칠리왤

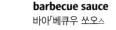 영국 　 프랑스

		sauce 쏘오스	sauce 쏘쓰
소스		**ketchup** 케첩	ketchup 께첩
케첩		**mayonnaise** 메이어네에즈	mayonnaise 마요네즈
마요네즈		**tartar sauce** 타아「터어「 쏘오스	sauce tartare 쏘쓰 따흐따흐
타르타르 소스		**mustard sauce** 마스떠어「드 쏘오스	moutarde 무따흐드
머스타드 소스		**sesame sause** 쎄써미 쏘오스	sauce sésame 쏘쓰 쎄잠므
깨 소스		**teriyaki sauce** 테리야키 쏘오스	sauce teriyaki 쏘쓰 데히야끼
데리야끼 소스		**barbecue sauce** 바아「베큐우 쏘오스	sauce barbecue 쏘쓰 바흐뵈뀌
바비큐 소스		**oyster sauce** 오이스떠「 쏘오스	sauce aux huîtres 쏘쓰 오 (ㅈ)위트흐
굴 소스		**chili sauce** 치을리 쏘오스	sauce chili 쏘쓰 쉴리

스페인	이탈리아	독일
salsa 쌀싸	salsa 쌀싸	Soße 소쎄
salsa de tomate 쌀싸 데 또마떼	ketchup 케첩	Ketchup 켓첩
mayonesa 마요네싸	maionese 마요네세	Mayonnaise 마요내이제
salsa tártara 쌀싸 따르따라	salsa tartara 살사 따르따라	Tatarensoße 타타안소쎄
mostaza 모쓰따싸	salsa di senape 살사 디 세나페	Senfsoße 센ㅍ소쎄
salsa de sésamo 쌀싸 데 쎄싸모	salsa di sesamo 살사 디 세사모	Sesamsoße 세삼소쎄
salsa teriyaki 쌀싸 떼리야끼	salsa teriyaki 살사 떼리야끼	Teriyaki 테리야키
salsa de barbacoa 쌀싸 데 바르바꼬아	salsa barbecue 살사 바ㄹ베큐우	Barbecuesoße 바베큐소쎄
salsa de ostras 쌀싸 데 오쓰뜨라쓰	salsa di ostriche 살사 디 어ㅅ뜨리께	Austernsoße 아우스턴소쎄
salsa de chile 쌀싸 데 칠레	salsa chili 살사 칠리	Chilisoße 칠리소쎄

더 주세요.

영어

More, please.
모어⌐, 플리이즈.
더. 부탁합니다.

프랑스어

Plus, s'il vous plaît.
쁠뤼쓰, 씰 부ⱽ 쁠레.
더. 부탁합니다.

스페인어

Más, por favor.
마쓰, 뽀르 파⌐보르.
더. 부탁합니다.

이탈리아어

Di più, per favore.
디 퓨, 뻬르 파⌐보ⱽ레.
~의 더. 부탁합니다.

독일어

Mehr, bitte.
매어, 빝테.
더. 부탁합니다.

128

그거면 충분해요.

That is enough.
대th트 이즈 이너프^f.
그것 ~이다 충분한.

영어

Ça suffit.
싸 쒸피^f.
그것 충분한.

프랑스어

Es suficiente.
에쓰 쑤피^f씨엔떼.
(그것) ~이다 충분한.

스페인어

È sufficiente.
애 수피^f챈떼.
(그것) ~이다 충분한.

이탈리아어

Das ist genug.
다스 이스트 게눅.
그것 ~이다 충분한.

독일어

	영국	프랑스

많은 (가산)		**many** 메니	**plusieurs** 쁠뤼지외흐
많은 (불가산)		**much** 머취	**beaucoup** 보꾸
더 많은		**more** 모어ㄹ	**plus** 쁠뤼
작은 (양)		**little** 을리틀	**petit** 쁘띠
더 적은		**less** 을레쓰	**moins** 무앙
하나의 (외로운)		**single** 쓰잉글	**seul** 쐴
두 배의		**double** 더블	**double** 두블르
뜨거운		**hot** 핫	**chaud** 쇼
추운		**cold** 코울드	**froid** 프ㄹ후아

스페인	이탈리아	독일
muchos 무초쓰	molto 몰또	viele 피일래
mucho 무초	molto 몰또	viel 피일
más 마쓰	di più 디 쀼	mehr 매어
poco 뽀꼬	poco 뻐코	klein 클라인
menos 메노쓰	di meno 디 메노	weniger 베이니거
solo 쏠로	solo 솔로	einzig 아인찌히
doble 도블레	doppio 도뽀	doppelt 도플트
caliente 깔리엔떼	caldo 칼도	heiß 하이쓰
frío 프리오	freddo 프레도	kalt 칼트

너무 뜨거워요.

영어

It's too hot.
이츠 투우 하트.
이것 ~이다 너무 뜨거운.

프랑스어

C'est trop chaud.
쎄 트흐 쇼.
그것 ~이다 너무 뜨거운.

스페인어

Está demasiado caliente.
에쓰따 데마씨아도 깔리엔떼.
(그것) ~이다 너무 뜨거운.

이탈리아어

È troppo caldo.
애 뜨러뽀 칼도.
(그것) ~이다 너무 더운.

독일어

Zu heiß.
쭈 하이쓰.
너무 뜨거운.

너무 짜요.

It's too salty.
이츠 투우 써얼티.
이것 ~이다 너무 짠.

영어

C'est trop salé.
쎄 트호 쌀레.
그것 ~이다 지나치게 짠.

프랑스어

Es demasiado salado.
에쓰 데마씨아도 쌀라도.
(그것) ~이다 지나치게 짠.

스페인어

È troppo salato.
애 뜨러뽀 살라또.
(그것) ~이다 너무 많이 짠.

이탈리아어

Es ist zu salzig.
에스 이스트 쭈 잘찌히.
그것 ~이다 너무 짠.

독일어

211

맛있다.

영어

It's delicious.

이츠 디을리셔쓰.

이것 ~이다 맛있는.

프랑스어

C'est délicieux.

쎄 델리씨외.

그것 ~이다 맛있는.

스페인어

Es delicioso.

에쓰 델리씨오쏘.

(그것) ~이다 맛있는.

이탈리아어

È delizioso.

애 델리치오소.

(그것) ~이다 맛있는.

독일어

Es ist lecker.

에스 이스트 을래커.

그것 ~이다 맛있는.

_132_

좋지 않아.

Not good.
낫 구ㄷ.
아니다 좋은.

영어

Pas bon.
빠 봉.
부정 좋은.

프랑스어

No está bien.
노 에쓰따 비엔.
부정 ~이다 좋은.

스페인어

Non va bene.
논 바�V 배네.
부정 가다 잘.

이탈리아어

Nicht gut.
니히트 구트.
부정 좋은.

독일어

213

영어

It's not cooked enough.

이츠 나앗 쿡트 이너프.

이것 ~아니다 요리된 충분히.

프랑스어

Ce n'est pas bien cuit.

쓰 네 빠 비앙 뀌이.

그것 부정 ~이다 부정 잘 익힌.

스페인어

No está suficientemente cocido.

노 에쓰따 쑤피씨엔떼멘떼 꼬씨도.

부정 (그것) ~이다 충분히 삶은.

이탈리아어

Non è abbastanza cotto.

논 애 아빠스딴차 커또.

부정 (그것) ~이다 충분히 익은.

독일어

Das ist halbgar.

다스 이스트 할브가.

그것 ~이다 설익은.

134
음식이
너무 익었어요.

It's overcooked.
이츠 오우버쿡트.
이것 ~이다 너무 익힌.

영어

C'est trop cuit.
쎄 트호 뀌이.
그것 ~이다 지나치게 익힌.

프랑스어

Está demasiado cocido.
에쓰따 데마씨아도 꼬씨도.
(그것) ~이다 지나치게 삶은.

스페인어

È troppo cotto.
애 뜨러뽀 커또.
(그것) ~이다 너무 많이 익힌.

이탈리아어

Es ist verkocht.
에스 이스트 페어코흐트.
그것 ~이다 너무 익은.

독일어

215

		🇬🇧 영국	🇫🇷 프랑스
신맛의		**sour** 싸우어「	**acide** 아씨드
쓴맛의		**bitter** 비터「	**amer** 아메흐
단맛의		**sweet** 스위잇	**sucré** 쒸크헤
매운맛의		**spicy** 스빠이쓰이	**piquant** 삐껑
짠맛의		**salty** 써얼티	**salé** 쌀레
겉만 익힌		**rare** 뤠어「	**bleu** 블뢰
살짝 익힌		**medium-rare** 미이디엄 뤠어「	**saignant** 쎄녕
약간 덜 익힌		**medium** 미이디엄	**saignant à point** 쎄녕 아 뿌앙
잘 익힌		**medium -well done** 미이디엄 웰 던	**à point** 아 뿌앙
완전히 익힌		**well done** 웰 던	**bien cuit** 비앙 뀌이

스페인	이탈리아	독일
ácido 아씨도	**aspro** 아ㅅ쁘로	**sauer** 자우어
amargo 아마르고	**amaro** 아마로	**bitter** 빝터
dulce 둘쎄	**dolce** 돌체	**süß** 쒸̈쓰
picante 삐깐떼	**piccante** 삐깐떼	**scharf** 샤^{f}아프^{f}
salado 쌀라도	**salato** 살라또	**salzig** 잘찌히
casi crudo 까씨 끄루도	**molto al sangue** 몰또 알 산궤	**blutig** 블루티히
poco hecho 뽀꼬 에초	**al sangue** 알 산궤	**medium-rare** 미이디엄 뤠어^{r}
medio hecho 메디오 에초	**cottura media** 코뚜라 매디아	**rosa** 로̃자
cocido 꼬씨도	**cotto** 커또	**halb rosa** 할ㅂ로̃자
bien cocido 비엔 꼬씨도	**ben cotto** 벤 커또	**durch** 두어흐̃

135

이거
공짜인가요?

영어

Is it for free?
이즈 이트 포^f어^r 프^f뤼이?
~이다 이것 ~으로 공짜?

프랑스어

C'est gratuit?
쎄 그하뛰이?
그것 ~이다 무료의?

스페인어

¿Es gratuito?
¿에쓰 그라뚜이또?
(그것) ~이다 무료의?

이탈리아어

È gratuito?
애 그라뚜이또?
(그것) ~이다 무료인?

독일어

Ist es gratis?
이스트 에스 그라[~]티스?
~이다 그것 무료?

218

136

계산서 주세요.

Bill, please.
비일, 플리이ㅈ.
계산서, 부탁합니다.

영어

L'addition, s'il vous plaît.
을라디씨옹, 씰 부^{V} 쁠레.
그 계산서, 부탁합니다.

프랑스어

La cuenta, por favor.
을라 꾸엔따, 뽀르 파^{f}보르.
계산서, 부탁합니다.

스페인어

Il conto, per favore.
일 콘또, 뻬르 파^{f}보^{V}레.
그 계산서, 부탁합니다.

이탈리아어

Rechnung bitte.
레̃히눙 빝테.
영수증 부탁합니다.

독일어

한 사람이
계산합니다.

영어

One bill.
원 비일.
하나의 계산서.

프랑스어

Une facture.
윈 팍뛰흐.
하나의 청구서.

스페인어

Pagar todo junto.
빠가르   또도   훈또.
계산하다   전부   함께.

이탈리아어

Un conto solo.
운 꼰또   솔로.
하나의 계산서   오직.

독일어

Zusammen, bitte.
쭈잠맨,   빝테.
같이,   부탁합니다.

220

138
각자
계산합니다.

Separate bills.
쎄퍼뤠이트 비일스.
나누어진 계산서들.
영어

Facture séparée.
팍'뛰흐 쎄빠헤.
청구서 분리된.
프랑스어

Pagar por separado.
빠가르 뽀르 쎄빠라도.
계산하다 ~으로 각각의.
스페인어

Conti separati.
꼰띠 세파라띠.
계산서들 나뉜.
이탈리아어

Getrennt, bitte.
게트렌트, 빝테.
떨어진, 부탁합니다.
독일어

221

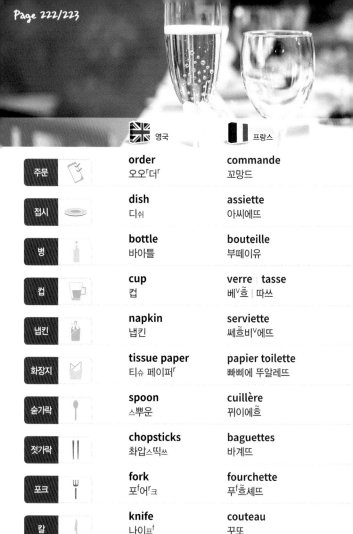

		🇬🇧 영국	🇫🇷 프랑스
주문		**order** 오오「더「	**commande** 꼬망드
접시		**dish** 디쉬	**assiette** 아씨에뜨
병		**bottle** 바아틀	**bouteille** 부떼이유
컵		**cup** 컵	**verre | tasse** 베ᵛ흐 | 따쓰
냅킨		**napkin** 냅킨	**serviette** 쎄흐비ᵛ에뜨
화장지		**tissue paper** 티슈 페이퍼「	**papier toilette** 빠삐에 뚜알레뜨
숟가락		**spoon** 스뿌운	**cuillère** 뀌이에흐
젓가락		**chopsticks** 촤압스띡쓰	**baguettes** 바게뜨
포크		**fork** 포「어「크	**fourchette** 푸「흐셰뜨
칼		**knife** 나이프「	**couteau** 꾸또

스페인	이탈리아	독일
pedido 뻬디도	**ordine** 오르디네	**Bestellung** 베슈텔룽
plato 쁠라또	**piatto** 뺘또	**Teller** 텔러
botella 보떼야	**bottiglia** 보띨랴	**Flasche** 플ᶠ라쉐
vaso 바쏘	**bicchiere** 비께레	**Tasse** 타쎄
servilleta 쎄르비예따	**tovagliolo** 또발ᵛ렬로	**Serviette** 세어비ᵛ엩테
papel higiénico 빠뻴 이히에니꼬	**carta igienica** 카르따 이쟤니까	**Taschentuch** 타쉔투흐
cuchara 꾸차라	**cucchiaio** 쿠꺄요	**Löffel** 뢰펠ᶠ
palillos 빨리요쓰	**bastoncini** 바스똔치니	**Stäbchen** 슈탭히엔
tenedor 떼네도르	**forchetta** 포ᶠᵣ께따	**Gabel** 가벨
cuchillo 꾸치요	**coltello** 콜땔로	**Messer** 메써

139

그냥 그래.

 영어	**So so.** 쏘우 쏘우. 그렇게 그렇게.	

 프랑스어	**Comme ci comme ça.** 꼼 씨 꼼 싸. ~처럼 이것 ~처럼 저것.	

 스페인어	Más o menos. 마쓰 오 메노쓰. 더 아니면 덜.	

 이탈리아어	Così così. 코시 코시. 그렇게 그렇게.	

 독일어	So lala. 솔랄라. 그저 그런.	

Very good.
베ᵛ뤼 구드.
매우 좋은. 영어

Très bien.
트헤 비앙.
매우 좋은. 프랑스어

Muy bien.
무이 비엔.
매우 좋은. 스페인어

Molto bene.
몰또 배네.
아주 좋은. 이탈리아어

Sehr gut.
제어 구트.
아주 좋은. 독일어

225

완벽해.

영어

Perfect.
퍼ᒓ어펙ᶠ트.
완벽한.

프랑스어

Parfait.
빠흐̃페ᶠ뜨.
완벽한.

스페인어

Perfecto.
뻬르펙ᶠ또.
완벽한.

이탈리아어

Perfetto.
페르패ᶠ또.
완벽한.

독일어

Perfekt.
페어페ᶠ크트.
완벽한.

142

2번 세트 주세요.

Meal number 2, please.
미일 넘버˥ 투우, 플리이즈.
식사 2번, 부탁합니다.

영어

Menu 2, s'il vous plaît.
므뉘 되, 씰부ˇ쁠레.
메뉴 2, 부탁합니다.

프랑스어

El menú número dos, por favor.
엘 메누 누메로 도쓰, 뽀르 파ᶠ보르.
그 메뉴 번호 2, 부탁합니다.

스페인어

Il menù numero due, per favore.
일 메누 누메로 두에, 뻬르 파ᶠ보ˇ레.
그 메뉴 번호 2, 부탁합니다.

이탈리아어

Menü Nummer 2, bitte.
매뉘 눔머 쯔바ˇ이, 빝테.
메뉴 번호 2, 부탁합니다.

독일어

	영국	프랑스

좋은	**good** 구드	**bon** 봉
아주 멋진	**wonderful** 원더「플「	**magnifique** 마니피「끄
아름다운	**beautiful** 뷰우티플「	**beau** 보
흥분 시키는	**exciting** 익싸이팅	**excitant** 엑씨떵
경이로운	**amazing** 어메이징	**incroyable** 앙크후아이아블
인기 있는	**popular** 파아퓰러「	**populaire** 뽀뻴레흐
유명한	**famous** 페「이머쓰	**connu** 꼬뉴
간단한	**simple** 쓰임플	**simple** 쌍쁠
젊은	**young** 영	**jeune** 죈느
오래된	**old** 오울드	**vieux** 비「외

스페인   이탈리아   독일

스페인	이탈리아	독일
bueno 부에노	buono 붜노	gut 구트
maravilloso 마라비요쏘	meraviglioso 메라빌ᵛ료소	wunderbar 분ᵛ더바
bello 베요	splendido 스쁠랜디도	schön 쉔
excitado 엑씨따도	emozionante 에모치오난떼	aufregend 아우프ᶠ레겐트
increíble 인끄레이블레	incredibile 인크레디빌레	erstaunend 에어슈타우넨트
popular 뽀뿔라르	popolare 뽀뽈라레	beliebt 벨리입트
famoso 파ᶠ모쏘	famoso 파ᶠ모소	berühmt 베뤼음트
simple 씸쁠레	semplice 셈쁠리체	einfach 아인파ᶠ흐
joven 호벤	giovane 죠바ᵛ네	jung 융
antiguo 안띠구오	vecchio 배ᵛ꾜	alt 알트

143
여기서 드십니까,
포장입니까?

영어

For here or to go?
포「어「 히어「 오어「 투 고우?
~을 위해 여기서 또는 가기?

프랑스어

Sur place ou à emporter?
쒸흐 쁠라쓰 우 아 엉뽀흐떼?
~위에 자리 아니면 ~에 가져가다?

스페인어

¿Para aquí o para llevar?
¿빠라 아끼 오 빠라 예바르?
~을 위해 여기 아니면 ~을 위해 가지고 가다?

이탈리아어

Mangia qui o lo porta via?
만쟈 뀌 오 을로 뽀르따 비ᵛ아?
먹다 여기에 또는 그것 가져가다 떨어진 곳에?

독일어

Für hier oder zum Mitnehmen?
퓌「어 히어 오더 쭘 밑내에맨?
~위해 여기 또는 ~에 가지고 가는 것?

144

여기서
먹겠습니다.

For here, please.
포f어r 히어r, 플리이즈.
~을 위해 여기서, 부탁합니다.

영어

Sur place, s'il vous plaît.
쒸흐 쁠라쓰, 씰 부v 쁠레.
~위에 자리, 부탁합니다.

프랑스어

Para comer aquí, por favor.
빠라 꼬메르 아끼, 뽀르 파f보르.
~을 위해 먹다 여기, 부탁합니다.

스페인어

Mangio qui, grazie.
만죠 뀌, 그라체.
먹다 여기에, 감사하다.

이탈리아어

Zum Hieressen, bitte.
쭘 히어에쎈, 빝테.
~에 여기서 먹는 것, 부탁합니다.

독일어

231

145

포장입니다.

영어

To go, please. / Take out, please.
투 고우, 플리이즈. / 테이크 아웃, 플리이즈.
가기, 부탁합니다. / 포장해가기, 부탁합니다.

프랑스어

À emporter, s'il vous plaît.
아 엉뽀흐떼, 씰 부ᵛ 쁠레.
～에 가져가다, 부탁합니다.

스페인어

Para llevar, por favor.
빠라 예바르, 뽀르 파ᶠ보르.
～을 위해 가지고 가다, 부탁합니다.

이탈리아어

Da asporto, per favore.
다 아스뽀르또, 뻬르 파ᶠ보ᵛ레.
～로부터 포장, 부탁합니다.

독일어

Zum Mitnehmen, bitte.
쭘 밑내에맨, 빝테.
～에 갖고 가는 것, 부탁합니다.

146

리필이 되나요?

Can I get a refill?
캔 아이 겟 어 뤼이필f?

할 수 있다 나 얻다 하나의 보충?

영어

Pouvez-vous m'en resservir?
뿌베V 부V 멍 흐쎄흐비V흐?

할 수 있다 당신(들) 나에게 그것 다시 내놓다?

프랑스어

¿Puedes servirme más?
¿뿌에데쓰 쎄르비르메 마쓰?

할 수 있다 (너) 내어 오다(나에게) 더?

스페인어

Posso avere il bis?
뻐쏘 아베V레 일 비스?

할 수 있다 (나) 가지다 그 리필?

이탈리아어

Kann ich eine Nachfüllung haben?
칸 이히 아이내 나흐필f룽 하벤?

할 수 있다 나 하나의 리필을 가지고 있다?

독일어

233

카페라테 주세요.

영어

Cafe latte, please.
카페ᶠ이 을라아테이, 플리이즈.

카페라테, 부탁합니다.

프랑스어

Un café au lait, s'il vous plaît.
엉 카페ᶠ 오 을레, 씰 부ᵛ 쁠레.

하나의 커피 ~로 된 우유, 부탁합니다.

스페인어

Un café con leche, por favor.
운 까페ᶠ 꼰 을레체, 뽀르 파ᶠ보르.

하나의 커피 ~와 우유, 부탁합니다.

이탈리아어

Un caffè latte, per favore.
운 카패ᶠ 을라떼, 뻬르 파ᶠ보ᵛ레.

하나의 카페라테, 부탁합니다.

독일어

Café Latte, bitte.
카페ᶠ에 을랕테, 빝테.

카페라테, 부탁합니다.

148

뜨거운 거요
아니면 차가운 거요?

Hot or iced?
핫 오어ʳ 아이스트?
뜨거운 아니면 얼음을 넣은?

영어

Chaud ou froid?
쇼 우 프ʳ후아?
뜨거운 아니면 차가운?

프랑스어

¿Frío o caliente?
¿프ʳ리오 오 깔리엔떼?
차가운 아니면 뜨거운?

스페인어

Caldo o freddo?
칼도 오 프레도?
뜨거운 혹은 차가운?

이탈리아어

Heiß oder kalt?
하이쓰 오더 칼트?
뜨거운 아니면 차가운?

독일어

차가운 거요.

영어

With ice, please.

윗 아이쓰, 플리이즈.

함께 얼음, 부탁합니다.

프랑스어

Froid, s'il vous plaît.

프f후아, 씰 부v 쁠레.

차가운, 부탁합니다.

스페인어

Con hielo, por favor.

꼰 이엘로, 뽀르 파f보르.

~와 얼음, 부탁합니다.

이탈리아어

Freddo, per favore.

프f레도, 뻬르 파보v레.

차가운, 부탁합니다.

독일어

Mit Eis, bitte.

밑 아이스, 빝테.

~와 함께 얼음, 부탁합니다.

150
재떨이 좀 주세요.

Please give me an ashtray.
플리이즈 기브^V 미이 언 애슈트레이.
부탁합니다 주다 나에게 하나의 재떨이.

영어

Un cendrier, s'il vous plaît.
엉 썽드히에, 씰 부^V 쁠레.
하나의 재떨이, 부탁합니다.

프랑스어

¿Puede darme un cenicero, por favor?
¿뿌에데 다르메 운 쎄니쎄로, 뽀르 파^{f}보르?
할 수 있다 (당신) 주다(나에게) 하나의 재떨이, 부탁합니다?

스페인어

Un portacenere, per favore.
운 뻐르따체네레, 뻬르 파^{f}보^{V}레.
하나의 재떨이, 부탁합니다.

이탈리아어

Bitte geben Sie mir einen Aschenbecher.
빝테 게벤 지 미어 아이낸 아쉔베히여.
부탁합니다 주다 당신 나에게 하나의 재떨이를.

독일어

영국 프랑스

		영국	프랑스
에스프레소		**espresso** 에스프레쏘우	**espresso** 에쓰프헤쏘
아메리카노		**americano** 어메뤼카노우	**café allongé** 까페 알롱제
카페라테		**cafe latte** 카페이 을라아테이	**café au lait** 까페 오 을레
바닐라라테		**vanilla latte** 버닐라 을라아테이	**vanilla latte** 바닐라 을라테
카푸치노		**cappuccino** 캐푸취이노우	**cappuccino** 까뿌치노
카페모카		**cafe mocha** 카페이 모우커	**café mocha** 까페 모꺄
스몰사이즈		**small size** 스머얼 싸이즈	**petit** 쁘띠
미디엄사이즈		**medium size** 미이디엄 싸이즈	**moyen** 무아이앙
라지사이즈		**large size** 을라'쥐 싸이즈	**large** 을라흐주
리필		**refill** 뤼이필	**recharge** 흐샤흐주

🇪🇸 스페인	🇮🇹 이탈리아	🇩🇪 독일
espresso 에쓰쁘레쏘	espresso 에스쁘래쏘	Espresso 에스프레소
café americano 까페ᶠ 아메리까노	caffè americano 까패ᶠ 아메리카노	Americano 아메리카노
café con leche 까페ᶠ 꼰 율레체	caffè latte 까패ᶠ 을라떼	Kaffee Latte 카페ᶠ랕테
café con vainilla 까페ᶠ 꼰 바이니야	caffè alla vaniglia 까패ᶠ 알라 바ᵛ닐랴	Vanille Latte 바ᵛ닐래랕테
cappuccino 까뿌치노	cappuccino 까뿌치노	Cappuccino 카푸취노
Café moca 까페ᶠ 모까	caffè moca 까패ᶠ 머카	Café Mokka 카페ᶠ목카
pequeño 뻬께뇨	piccolo 삐꼴로	kleine Größe 클라이네 그뢰쎄
mediano 메디아노	medio 매디오	mittlere Größe 밑틀러레 그뢰쎄
grande 그란데	grande 그란데	große Größe 그로오쎄 그로뢰쎄
rellenar ㄹ~에예나르	bis 비스	Nachfüllung 나흐퓔룽

		🇬🇧 영국	🇫🇷 프랑스

디저트		**dessert** 디져어「엇	**dessert** 데쎄흐
케이크		**cake** 케익	**gâteau** 갸또
브라우니		**brownie** 브롸우니	**brownie** 브하우니
마카롱		**macaroon** 매커루운	**macaron** 마까홍
와플		**waffle** 와플「	**gaufre** 고프「흐
과자		**cookie** 쿠키	**gâteau** 갸또
푸딩		**pudding** 푸딩	**pudding** 푸뎅
아이스크림		**ice-cream** 아이쓰 크뤼임	**glace** 글라쓰
초콜릿		**chocolate** 쳐어컬럿	**chocolat** 쇼꼴라
사탕		**candy** 캔디	**bonbon** 봉봉

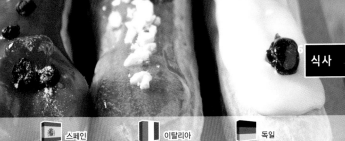

스페인	이탈리아	독일
postre 뽀쓰뜨레	**dolce** 돌체	**Nachtisch** 나흐티쉬
tarta 따르따	**torta** 또르따	**Kuchen** 쿠헨
brownie 브라우니	**brownie** 브라우니	**Brownie** 브라우니
macaron 마까론	**macaron** 마카론	**Makrone** 마크로네
gofre 고프레	**cialda** 챨다	**Waffel** 바플
galleta 가예따	**biscotto** 비스꺼또	**Keks** 켁스
flan 플란	**budino** 부디노	**Pudding** 푸딩
helado 엘라도	**gelato** 젤라또	**Eis** 아이스
chocolate 쪼꼴라테	**cioccolato** 쵸꼴라또	**Schokolade** 쇼콜라데
caramelo 까라멜로	**caramella** 카라말라	**Süßigkeit** 쉬씨히카이트

와이파이가 되나요?

영어

Is Wi-Fi available?

이즈   와이파^f이   어베^v일러블?

～이다   와이파이   사용 가능한?

프랑스어

Vous avez du Wi-Fi?

부^v   (ㅈ)아베^v   뒤 위피^f?

당신(들)   가지고 있다   그 와이파이?

스페인어

¿Hay Wi-Fi disponible?

¿아이   위피^f   디쓰뽀니블레?

～이 있다   와이파이   사용 가능한?

이탈리아어

Il Wi-Fi è disponibile?

일 와이파^f이   애   디스뽀니빌레?

그 와이파이   ～이다   사용 가능한?

독일어

Haben Sie W-LAN?

하벤   지   베^v을란?

가지고 있다   당신   무선 인터넷을?

와이파이
비밀번호가 뭐예요?

What is the Wi-Fi password?

왓 이즈 더 와이파^f이 패쓰워어^r드?

무엇 ～이다 그 와이파이 비밀번호?

 영어

Quel est le mot de passe du Wi-Fi?

껠 에 을르모 드 빠쓰 뒤 위피^f?

어떤 ～이다 그 단어 ～의 통과 그 와이파이의?

 프랑스어

¿Cuál es la contraseña del Wi-Fi?

¿꾸알 에쓰 을라 꼰뜨라쎄냐 델 위피^f?

어떤 것 ～이다 그 비밀번호 ～의 와이파이?

 스페인어

Qual'è il password della Wi-fi?

꽐레 일 파스워드 델라 와이파^f이?

(어떤 것) ～이다 그 비밀번호 그 와이파이의?

 이탈리아어

Was ist das Passwort für W-LAN?

바^v스 이스트 다스 파쓰보^v어트 퓌^f어 베^v을란?

어떤 ～이다 그 비밀번호는 ～위해 와이파이?

 독일어

243

153
___

건배!

영어

Cheers!
치어'스!
건배!

프랑스어

Santé!
썽떼!
건강!

스페인어

¡Salud!
¡쌀룻!
건강!

이탈리아어

Salute!
살루떼!
건강!

독일어

Prost!
프로스트!
건배!

생맥주 주세요.

Draft beer, please.
드뤠프「트 비어「, 플리이즈.
생맥주, 부탁합니다.

 영어

Une bière, s'il vous plait.
윈 비에흐̃, 씰 부ᵛ 쁠레.
하나의 맥주, 부탁합니다.

프랑스어

Una cerveza de barril, por favor.
우나 쎄르베싸 데 바르~일, 뽀르 파「보르.
하나의 맥주 ~의 통, 부탁합니다.

 스페인어

Una birra alla spina, per favore.
우나 비르~라 알라 스삐나, 뻬르 파「보ᵛ레.
하나의 생맥주, 부탁합니다.

 이탈리아어

Bier vom Fass, bitte.
비어 폼「 파「쓰, 빝테.
맥주 ~에 통, 부탁합니다.

 독일어

	🇬🇧 영국	🇫🇷 프랑스
맥주	**beer** 비어「	**bière** 비에흐
생맥주	**draft beer** 드뤠프「트 비어「	**bière pression** 비에흐 프헤씨옹
병맥주	**bottled beer** 버어틀드 비어「	**bière en bouteille** 비에흐 엉 부떼이유
와인	**wine** 와인	**vin** 방ᵛ
레드 와인	**red wine** 뤠드 와인	**vin rouge** 방ᵛ 후주
화이트 와인	**white wine** 와이트 와인	**vin blanc** 방ᵛ 블렁
위스키	**whisky** 위스키	**whisky** 위쓰끼
테킬라	**tequila** 테키일러	**tequila** 떼낄라
보드카	**vodka** 바ᵛ아드커	**vodka** 보ᵛ드까
칵테일	**cocktail** 카약테이을	**cocktail** 꺽떼일

	스페인		이탈리아		독일

cerveza	**birra**	**Bier**
쎄르베싸	비ㄹ~라	비어

cerveza de barril	**birra alla spina**	**Fassbier**
쎄르베싸 데 바ㄹ~일	비ㄹ~라 알라 ㅅ삐나	파f쓰비어

cerveza embotellada	**birra in bottiglia**	**Flaschenbier**
쎄르베싸 엠보떼야다	비ㄹ~라 인 보띨랴	플f라쉔비어

vino	**vino**	**Wein**
비노	비v노	바v인

vino tinto	**vino rosso**	**Rotwein**
비노 띤또	비v노 로쏘	로트바v인

vino blanco	**vino bianco**	**Weißwein**
비노 블랑꼬	비v노 뱐코	바v이쓰바v인

whisky	**whisky**	**Whiskey**
위쓰끼	위스키	위스키

tequila	**tequila**	**Tequila**
떼낄라	떼낄라	테킬라

vodka	**vodka**	**Wodka**
보드까	버v드카	보v드카

coctel	**cocktail**	**Cocktail**
꼭뗄	컥떼일	컥테일

		🇬🇧 영국	🇫🇷 프랑스
사과		**apple** 애쁠	**pomme** 뽐므
복숭아		**peach** 피이취	**pêche** 뻬슈
딸기		**strawberry** 스트뤄어베뤼	**fraise** 프헤즈
체리		**cherry** 체뤼	**cerise** 쓰히즈
자몽		**grapefruit** 그뤠이프루트	**pamplemousse** 뻥쁠르무쓰
오렌지		**orange** 오륀취	**orange** 오헝주
레몬		**lemon** 을레먼	**citron** 씨트홍
키위		**kiwi** 키위	**kiwi** 끼위
수박		**water melon** 워어터 멜런	**pastèque** 빠쓰떼끄
포도		**grape** 그뤠입	**raisin** 헤장

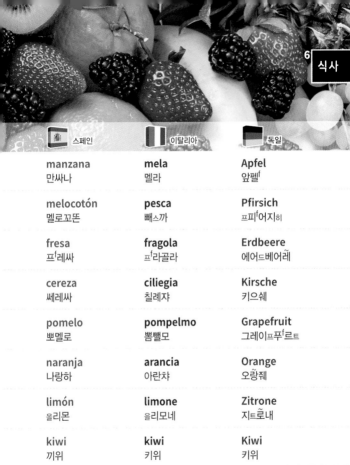

🇪🇸 스페인	🇮🇹 이탈리아	🇩🇪 독일
manzana 만싸나	mela 멜라	Apfel 앞펠ᶠ
melocotón 멜로꼬똔	pesca 빼스까	Pfirsich 프피ᶠ어지히
fresa 프ᶠ레싸	fragola 프ᶠ라골라	Erdbeere 에어드베어레
cereza 쎄레싸	ciliegia 칠레쟈	Kirsche 키으쉐
pomelo 뽀멜로	pompelmo 뽐뻴모	Grapefruit 그레이프푸ᶠ르트
naranja 나랑하	arancia 아란챠	Orange 오랑줴
limón 올리몬	limone 올리모네	Zitrone 지트로내
kiwi 끼위	kiwi 키위	Kiwi 키위
sandía 싼디아	anguria 안구랴	Wassermelone 바ᵛ써멜로내
uva 우바	uva 우바ᵛ	Traube 트라우베

	🇬🇧 영국	🇫🇷 프랑스
바나나	**banana** 버내너	**banane** 바난느
파인애플	**pineapple** 파인애쁠	**ananas** 아나나쓰
망고	**mango** 맹고우	**mangue** 멍그
망고스틴	**mangosteen** 맹거스티인	**mangoustan** 멍구스떵
두리안	**durian** 두뤼언	**durian** 뒤히엉
리치	**lychee** 을라이취이	**litchi** 을릿치
파파야	**papaya** 파파야	**papaye** 빠빠이
코코넛	**coconut** 코우커너트	**noix de coco** 누아 드 꼬꼬
멜론	**melon** 멜런	**melon** 믈롱
매실	**plum** 플럼	**prune** 프휜

🇪🇸 스페인	🇮🇹 이탈리아	🇩🇪 독일
plátano 쁠라따노	**banana** 바나나	**Banane** 바나내
piña 삐냐	**ananas** 아나나스	**Ananas** 아나나스
mango 망고	**mango** 망고	**Mango** 망고
mangostino 망고쓰띠노	**mangostano** 망고스타노	**Mangostane** 망고슈타내
durian 두리안	**durian** 두리안	**Durian** 두리안
lychee 을리찌	**lychee** 리치	**Lychee** 리치
papaya 빠빠야	**papaia** 파파야	**Papaya** 파파야
coco 꼬꼬	**noce di cocco** 노체 디 커꼬	**Kokosnuss** 코코스누쓰
melón 멜론	**melone** 멜로네	**Melone** 멜로내
ciruela 씨루엘라	**prugna** 쁘룬냐	**Pflaume** 프플라우매

일상표현

비상상황

비행

교통 (길 찾기)

숙박

식사

쇼핑

관광

PART
07 쇼핑

155

도와 드릴까요?

영어

Can I help you?

캔 아이 헬프 유우?

할 수 있다 나 돕다 너?

프랑스어

Je peux vous aider?

쥬 쁘 부ᵛ (ㅈ)에데?

나 할 수 있다 당신(들) 도와주다?

스페인어

¿Puedo ayudarte?

¿뿌에도 아유다르떼?

할 수 있다 돕다(너를)?

이탈리아어

Posso aiutarti?

뻐쏘 아유따르띠?

할 수 있다 돕다(너를)?

독일어

Kann ich behilflich sein?

칸 이히 베힐플ᶠ리히 자인?

할 수 있다 나 도움이 되는 ～이다?

254

뭐 찾으세요?

Are you looking for something?
아ʳ 유우 을루킹 포ʳ어ʳ 썸띵ᵗʰ?
~이다 너 보고 있는 ~을 위해 무엇?

영어

Vous cherchez quelque chose?
부ᵛ 셰ㅎ셰 껠끄 쇼즈?
당신(들) 찾으세요 어떤 것?

프랑스어

¿Buscas algo?
¿부쓰까쓰 알고?
찾다 어떤 것?

스페인어

Cosa cerchi?
꺼사 체르끼?
무엇 찾다?

이탈리아어

Suchen Sie etwas Bestimmtes?
주헨 지 에트바ᵛ스 베슈팀테스?
찾다 당신 어떤 것 정해놓은 것?

독일어

255

157
그게
마음에 드세요?

영어

Do you like it?
두우 유우 을라이크 이트?
하다 너 좋아하다 그것?

프랑스어

Ça vous plaît?
싸 부ᵛ 쁠레?
그것 당신(들) 마음에 들다?

스페인어

¿Te gusta?
¿떼 구쓰따?
너 좋아하다?

이탈리아어

Ti piace?
띠 빠체?
너에게 좋아지다?

독일어

Gefällt es Ihnen?
게펠ᶠ트 에스 인낸?
마음에 들다 그것 당신에게?

마음에 들어요.

I like it.
아이 을라이크 이트.
나 좋아하다 이것.

영어

Ça me plaît.
싸 므 쁠레.
그것 나를 마음에 들다.

프랑스어

Me gusta.
메 구쓰따.
나 좋아하다.

스페인어

Mi piace.
미 빠체.
나에게 좋아지다.

이탈리아어

Ich mag es.
이히 막 에스.
나 좋아하다 그것.

독일어

난 이거 싫어요.

영어

I don't like it.
아이 더운트 을라이크 이트.

나 부정 좋아하다 그것.

프랑스어

Je n'aime pas ça.
쥬 넴므 빠 싸.

나 부정 사랑하다 부정 그것.

스페인어

No me gusta.
노 메 구쓰따.

부정 나 좋아하다.

이탈리아어

Non mi piace.
논 미 빠체.

부정 나에게 좋아지다.

독일어

Ich mag es nicht.
이히 막 에스 니히트.

나 좋아하다 그것 부정.

160

**그건
필요 없어요.**

I don't need it.
아이 더운트 니이드 이트.

나 부정 필요하다 그것.

영어

Je n'ai pas besoin.
쥬 네 빠 브주앙.

나 부정 ~가지고 있다 부정 필요.

프랑스어

No lo necesito.
노 을로 네쎄씨또.

부정 그것 필요하다.

스페인어

Non ne ho bisogno.
논 네 어 비손뇨.

부정 그것 필요하다.

이탈리아어

Ich brauche es nicht.
이히 브라우헤 에스 니히트.

나 필요하다 그것 부정.

독일어

얼마예요?

영어

How much money?
하우 머취 머니?
얼마나 많이 돈?

프랑스어

C'est combien?
쎄 꽁비앙?
이거 ~이다 얼마나?

스페인어

¿Cuánto cuesta?
¿꾸안또 꾸에쓰따?
얼마나 비용이 들다?

이탈리아어

Quanto costa?
꽌또 코스따?
얼마나 비용이 들다?

독일어

Wie viel Geld?
비ᵛ 피ᶠ일 겔트?
얼마나 많이 돈?

7 쇼핑

어떤 거?

Which one?
위취 원?
어떤 것?

 영어

Lequel?
을르껠?
어떤 것?

프랑스어

¿Cuál?
¿꾸알?
어떤 것?

 스페인어

Quale?
꾸알레?
어떤 것?

 이탈리아어

Welches?
벨ᵛ히에스?
어떤 것?

 독일어

163

몇 개?

영어

How many?
하우 메니?
얼마나 많이?

프랑스어

Combien?
꽁비앙?
얼마나?

스페인어

¿Cuántos?
¿꾸안또쓰?
얼마나?

이탈리아어

Quanto?
꽌또?
얼마나?

독일어

Wie viele?
비ˇ 피ᶠ일래?
얼마나 많이?

164

저런 비슷한 거요.

Something like that.
썸띵th 을라이크 대th트.
무언가 ~처럼 저것.

Quelque chose comme ça.
껠끄 쇼즈 꼼므 싸.
어떤 것 ~와 같은 그것.

프랑스어

Algo así.
알고 아씨.
어떤 것 그렇게.

스페인어

Qualcosa del genere.
꽐꺼사 델 재네레.
어떤 무엇 그 종류.

이탈리아어

So ähnlich.
소 애엔리히.
그런 비슷한.

독일어

가방을 찾고 있어요.

영어

I am looking for a bag.

아이 앰 을루킹 포ʳ어ʳ 어 배그.

나 ～이다 보고 있는 ～을 위해 하나의 가방.

프랑스어

Je cherche un sac.

쥬 셰흐슈 앙 싹.

나 찾다 하나의 가방.

스페인어

Estoy mirando maletas.

에쓰또이 미란도 말레따쓰.

(나) ～이다 보는 중 가방들.

이탈리아어

Sto cercando la mia borsa.

스떠 체르깐도 을라 미아 보르사.

(나) ～있다 찾다 그 나의 가방.

독일어

Ich suche nach Tasche.

이히 주헤 나흐 타쉐.

나 찾다 ～를 향해 가방.

264

그냥 구경하고 있어요.

I am just looking.

아이 앰 저스트 을루킹.

나 ~이다 단지 보고 있는.

Je suis seulement en train de regarder.

쥬 쒸이 쐴르멍 엉 트항 드 흐갸흐데.

나 ~이다 단지 하는 중 보다.

Solo estoy mirando.

쏠로 에쓰또이 미란도.

단지 (나) ~이다 보는 중.

스페인어

Sto solo guardando.

스떠 솔로 과르단도.

(나) ~있다 단지 보다.

이탈리아어

Ich schaue nur.

이히 샤우에 누어.

나 보다 오직.

독일어

	🇬🇧 영국	🇫🇷 프랑스

코트	**coat** 코웃	**manteau** 멍또
재킷	**jacket** 재키잇	**veste** 베ᵛ쓰뜨
정장	**suit** 쑤웃	**costume** 꼬쓰뜀
원피스	**dress** 드뤠쓰	**robe** 호브
셔츠	**shirt** 셔엇「	**chemise** 슈미즈
와이셔츠	**dress shirt** 드뤠쓰 셔엇「	**chemise** 슈미즈
블라우스	**blouse** 블라우쓰	**chemisier** 슈미지에
바지	**pants** 팬츠	**pantalon** 뻥딸롱
청바지	**jeans** 지인즈	**jeans** 진
반바지	**shorts** 쇼오「츠	**short** 쇼ᅙ뜨

스페인	이탈리아	독일
abrigo 아브리고	**cappotto** 카뻐또	**Mantel** 만텔
chaqueta 차께따	**giacca** 쟈까	**Jacke** 약케
traje 뜨라헤	**tuta** 뚜따	**Anzug** 안쭉
vestido 베쓰띠도	**abito** 아비또	**Kleid** 클라이드
camisa 까미싸	**camicia** 카미챠	**Hemd** 햄트
camisa de vestir 까미싸 데 베쓰띠르	**camicia elegante** 카미챠 엘레간떼	**Anzugshemd** 안쭉스햄트
blusa 블루싸	**camicetta** 카미체따	**Bluse** 블루제
pantalón 빤딸론	**pantaloni** 빤딸로니	**Hose** 호제
vaqueros 바께로쓰	**jeans** 진스	**Jeans** 진스
pantalones cortos 빤딸로네쓰 꼬르또쓰	**pantaloncini** 빤딸론치니	**Kurze Hose** 쿠어쩨 호제

	영국	프랑스
치마	**skirt** 스커ˈ어트	**jupe** 쥐쁘
신발	**shoes** 슈우즈	**chaussures** 쇼쒸흐
양말	**socks** 싸악쓰	**chaussettes** 쇼쎄뜨
장갑	**gloves** 글러업스	**gants** 겅
모자	**hat** 햇	**chapeau** 샤뽀
스카프	**scarf** 스카아ˈ프ˈ	**foulard** 풀ˈ라흐
넥타이	**tie** 타이	**cravate** 크하ᄒ바ᵛ뜨
손수건	**handkerchief** 행커ˈ취이프ˈ	**mouchoir** 무슈아흐
지갑	**wallet** 워얼릿	**portefeuille** 뽀흐뜨푀ˈ이오
우산	**umbrella** 엄브뤨러	**parapluie** 빠하ᄒ쁠뤼

스페인	이탈리아	독일
falda 팔ᵈ다	**gonna** 건나	**Rock** 록
zapatos 싸빠또쓰	**scarpe** 스까르뻬	**Schuhe** 슈에
calcetines 깔쎄띠네쓰	**calze** 칼체	**Socken** 족켄
guantes 구안떼쓰	**guanti** 관띠	**Handschuhe** 한트슈에
sombrero 쏨브레로	**cappello** 카뺄로	**Hut** 훗트
bufanda 부판ᵈ다	**sciarpa** 쌰르빠	**Schal** 샬
corbata 꼬르바따	**cravatta** 크라바ᵛ따	**Krawatte** 크라밭ᵛ테
pañuelo 빠뉴엘로	**fazzoletto** 파ᶠ쫄레또	**Taschentuch** 타쉔투흐
cartera 까르떼라	**portafoglio** 뽀르따펄ᶠ료	**Brieftasche** 브리ᵖ타쉐
paraguas 빠라구아쓰	**ombrello** 옴브랠로	**Regenschirm** 레겐쉬음

		영국	프랑스
가방		**bag** 배그	**sac** 싹
캐리어, 여행 가방		**suitcase** 수트케이스	**valise** 발ᵛ리즈
선글라스		**sunglasses** 썬글래쓰이즈	**lunettes de soleil** 을뤼네뜨 드 쏠레이유
시계		**watch** 와아취	**montre** 몽트흐
반지		**ring** 링	**bague** 바그
목걸이		**necklace** 네클러스	**collier** 꼴리에
귀걸이		**earring** 이어링	**boucle d'oreille** 부끌르 도헤이유
팔찌		**bracelet** 브뤠이슬럿	**bracelet** 브하쓸레
화장품		**cosmetic** 커어즈메티크	**maquillage** 마끼야쥬
담배		**cigarette** 쓰이거뤳	**cigarette** 씨가헤뜨

스페인	이탈리아	독일
bolso 볼쏘	**borsa** 보르사	**Tasche** 타쉐
maleta 말레따	**valigia** 발ᵛ리쟈	**Koffer** 코퍼ᶠ
gafas de sol 가파ᶠ쓰 데 쏠	**occhiali da sole** 오꺌리 다 솔레	**Sonnenbrille** 존낸브릴래
reloj ㄹ~엘로흐	**orologio** 오롤러죠	**Uhr** 우어
anillo 아니요	**anello** 아낼로	**Ring** 륑
collar 꼬야르	**collana** 콜라나	**Halskette** 할스켙테
pendiente 뻰디엔떼	**orecchini** 오레끼니	**Ohrring** 오어륑
pulsera 뿔쎄라	**braccialetto** 브라챨레또	**Armband** 암반트
maquillaje 마끼야헤	**trucco** 뜨루꼬	**Kosmetikum** 코스매티쿰
cigarro 씨가ㄹ~오	**sigarette** 시가레떼	**Zigarette** 찌하렡테

이게 뭐예요?

영어

What is it?
왓 이즈 이트?
무엇 ~이다 그것?

프랑스어

Qu'est-ce que c'est?
께쓰끄 쎄?
의문 그것 ~이다?

스페인어

¿Qué es esto?
¿께 에쓰 에쓰또?
무엇 ~이다 이것?

이탈리아어

Cosa è quello?
꺼사 애 꿸로?
무엇 ~이다 그것?

독일어

Was ist es?
바ᵛ스 이스트 에스?
무엇이 ~이다 그것?

272

더 큰 치수
있나요?

쇼핑

Do you have a bigger size?
두우 유우 해브ⱽ 어 비거ʳ 싸이즈?
하다 | 너 | 가지다 | 하나의 더 큰 치수?

영어

Vous avez une taille au-dessus?
부ⱽ (ㅈ)아베ⱽ 윈 따이유 오 드쒸?
당신(들) | 가지고 있다 | 하나의 사이즈 | 위에?

프랑스어

¿Tienes una talla más grande?
¿띠에네쓰 우나 따야 마쓰 그란데?
가지고 있다 | 하나의 사이즈 | 더 큰?

스페인어

Hai una taglia più grande?
아이 우나 탈랴 쀼 그란데?
가지고 있다 | 하나의 치수 | 더 큰?

이탈리아어

Haben Sie größere Größe?
하벤 지 그뢰써레 그뢰쎄?
가지고 있다 | 당신 | 더 큰 | 크기를?

독일어

273

영어

Is there any other color?

이즈 데어↗ 애니 아더↘ 컬러↗?

~이다 그곳에 어떤 다른 색?

프랑스어

Vous avez d'autres couleurs?

부ˇ (ㅈ)아베ˇ 도트흐 꿀뢰흐?

당신(들) 가지고 있다 다른 색깔들?

스페인어

¿Hay algún otro color?

¿아이 알군 오뜨로 꼴로르?

~이 있다 어떤 다른 색?

이탈리아어

Hai qualche altro colore?

아이 꽐케 알뜨로 콜로레?

가지고 있다 어떤 다른 색?

독일어

Gibt es andere Farbe?

깁트 에스 안더레 파↘아베?

주다 그것 다른 색을?

170 검은색도 있나요?

영어

Do you have a black one?

두우 유우 해브^{V} 어 블랙 원?

있다 너 가지고 있다 하나의 검은 것?

프랑스어

Vouz l'avez en noir?

부^{V} 을라베^{V} 엉 누아흐̃?

당신(들) 그것 ~가지고 있다 ~로 검은색?

스페인어

¿Lo tienes en negro?

¿을로 띠에네쓰 엔 네그로?

그것 가지고 있다 ~으로 검은?

이탈리아어

Ne avete uno nero?

네 아베^{V}테 우노 네로?

그것 가지고 있다 하나의 검은색?

독일어

Haben Sie es in Schwarz?

하벤 지 에스 인 슈바^{V}아쯔?

가지고 있다 당신 그것 ~안에 검은?

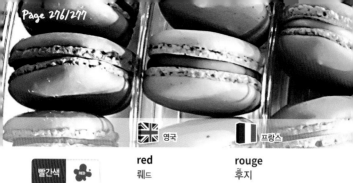

	영국	프랑스

빨간색	**red** 뤠드	**rouge** 후지
주황색	**orange** 오륀쥐	**orange** 오헝주
노란색	**yellow** 옐로우	**jaune** 존느
초록색	**green** 그뤼인	**vert** 베ᵛ흐
파란색	**blue** 블루우	**bleu** 블뢰
분홍색	**pink** 핑크	**rose** 호즈
갈색	**brown** 브롸운	**marron** 마홍
검은색	**black** 블랙	**noir** 누아흐
흰색	**white** 와이트	**blanc** 블렁
회색	**grey** 그뤠이	**gris** 그히

스페인	이탈리아	독일
rojo 로호	**rosso** 로쏘	**rot** 로트
anaranjado 아나랑하도	**arancione** 아란쵸네	**orange** 오랑줴
amarillo 아마리요	**giallo** 쟐로	**gelb** 겔브
verde 베르데	**verde** 베ᵛ르데	**grün** 그륀
azul 아쑬	**blu** 블루	**blau** 블라우
rosa ㄹ~오싸	**rosa** 러사	**rosa** 로자
marrón 마르~온	**marrone** 마르~로네	**braun** 브라운
negro 네그로	**nero** 네로	**schwarz** 슈바ᵛ아쯔
blanco 블랑꼬	**bianco** 반코	**weiß** 바ᵛ이쓰
gris 그리쓰	**grigio** 그리죠	**grau** 그라우

너무 커요.

영어

It's too big.
이츠 투우 비그.
이것 ~이다 너무 큰.

프랑스어

C'est trop grand.
쎄 트호 그헝.
그것 ~이다 너무 큰.

스페인어

Es demasiado grande.
에쓰 데마씨아도 그란데.
(그것) ~이다 너무 큰.

이탈리아어

È troppo grande.
애 뜨러뽀 그란데.
(그것) ~이다 너무 큰.

독일어

Es ist zu groß.
에스 이스트 쭈 그로오쓰.
그것 ~이다 너무 큰.

저것 좀 보여주실 수 있나요?

Can you show me that?
캔 유우 쑈우 미이 대th트?

할 수 있다 너 보여주다 나 그것?

영어

Je peux voir ça, s'il vous plaît?
쥬 쀠 부^v아흐 싸, 씰 부^v 쁠레?

나 할 수 있다 보다 그것, 부탁합니다?

프랑스어

¿Puedes mostrarme eso?
¿뿌에데쓰 모쓰뜨라르메 에쏘?

(너) 할 수 있다 보여주다(나에게) 그것?

스페인어

Me lo fai vedere?
메 을로 파^f이 베^v데레?

나에게 그것 하다 보다?

이탈리아어

Können Sie es mir zeigen?
쾬낸 지 에스 미어 짜이겐?

할 수 있다 당신 그것 나에게 보여주다?

독일어

		영국	프랑스
큰		**big** 비익	**grand** 그헝
작은		**small** 스머얼	**petit** 쁘띠
꽉 조이는 (좁은)		**tight** 타잇	**serré** 쎄헤
무거운		**heavy** 헤비ᵛ	**lourd** 을루흐
긴		**long** 을로옹	**long** 을롱
짧은		**short** 쇼오ʳ엇	**court** 꾸흐
비싼		**expensive** 익스펜쓰이브ᵛ	**cher** 쉐흐

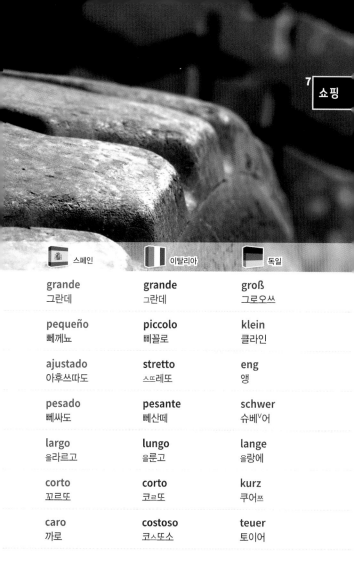 스페인	이탈리아	독일
grande 그란데	**grande** 그란데	**groß** 그로오쓰
pequeño 뻬께뇨	**piccolo** 삐꼴로	**klein** 클라인
ajustado 아후쓰따도	**stretto** 스뜨레또	**eng** 앵
pesado 뻬싸도	**pesante** 뻬산떼	**schwer** 슈베ᵛ어
largo 을라르고	**lungo** 을룬고	**lange** 을랑에
corto 꼬르또	**corto** 코르또	**kurz** 쿠어ㅊ
caro 까로	**costoso** 코ㅅ또소	**teuer** 토이어

**내가
해 봐도 돼요?**

영어

Can I try?

캔 아이 트라이?

할 수 있다 나 시도하다?

프랑스어

Je peux essayer?

쥬 뾔 에쎄이에?

나 할 수 있다 시도하다?

스페인어

¿Puedo intentarlo?

¿뿌에도 인뗀따를로?

할 수 있다 (나) 시도하다(그것)?

이탈리아어

Posso provare?

뻐쏘 쁘로바ᵛ레?

할 수 있다 (나) 시도하다?

독일어

Kann ich versuchen?

칸 이히 페ᶠ어주ㅎ헨?

할 수 있다 나 시도하다?

이거
할인되나요?

Is it on sale?
이즈 이트 어언 쎄일?
~이다 그것 ~중인 할인?

영어

C'est en solde?
쎄 (ㄸ)엉 쏠드?
그것 ~이다 ~에 할인?

프랑스어

¿Está en oferta?
¿에쓰따 엔 오페르따?
(그것) ~이다 ~에 세일?

스페인어

È in saldo?
애 인 살도?
(그것) ~이다 ~에 할인?

이탈리아어

Bekomme ich Rabatt dafür?
베콤매 이히 라밧트 다퓌어?
받다 나 할인 그것을 위해?

독일어

그게 전부예요?

영어

Is that all?
이즈 대th트 어얼?
~이다 그것 전부?

프랑스어

C'est tout?
쎄 뚜?
그것 ~이다 전부?

스페인어

¿Eso es todo?
¿에쏘 에쓰 또도?
그것 ~이다 전부?

이탈리아어

È tutto qui?
애 뚜또 뀌?
(그것) ~이다 전부 여기에?

독일어

Ist das alles?
이스트 다스 알래스?
~이다 그것 모두?

284

나 돈이 없어요.

I have no money.
아이 해브ᵛ 노우 머니.
나 가지고 있다 0의 돈.

영어

Je n'ai pas d'argent.
쥬 네 빠 다흐정.
나 부정 ~가지고 있다 부정 ~의 돈.

프랑스어

No tengo dinero.
노 뗑고 디네로.
부정 가지고 있다 돈.

스페인어

Non ho soldi.
논 어 설디.
부정 가지고 있다 돈.

이탈리아어

Ich habe kein Geld.
이히 하베 카인 겔트.
나 가지고 있다 부정 돈을.

독일어

좀
깎아 주세요.

영어

Give me a discount.
기브^ᵛ 미이 어 디스카운트.
주다 나에게 하나의 할인.

프랑스어

Faites-moi une réduction, s'il vous plaît.
페'뜨 무아 윈 헤뒥씨옹, 씰 부^ᵛ 쁠레.
해라 나에게 하나의 할인, 부탁합니다.

스페인어

Hazme un descuento.
아쓰메 운 데쓰꾸엔또.
해라(나에게) 하나의 할인.

이탈리아어

Fammi uno sconto.
팜'미 우노 스콘또.
주어라(나에게) 하나의 할인.

독일어

Geben Sie mir einen Rabatt.
게벤 지 미어 아이낸 라밧트.
주다 당신 나에게 하나의 할인을.

너무 비싸요.

It's too expensive.

이츠 투우 익쓰펜쓰이브ᵛ.

이것 ~이다 │ 너무 비싼.

영어

C'est trop cher.

쎄 트호 쉐흐.

그것 ~이다 │ 지나치게 │ 비싼.

프랑스어

Es demasiado caro.

에쓰 데마씨아도 까로.

(그것) ~이다 │ 지나치게 │ 비싼.

스페인어

È troppo caro.

애 뜨러뽀 카로.

(그것) ~이다 │ 너무 많이 │ 비싼.

이탈리아어

Es ist zu teuer.

에스 이스트 쭈 토이어.

그것 ~이다 │ 너무 │ 비싼.

독일어

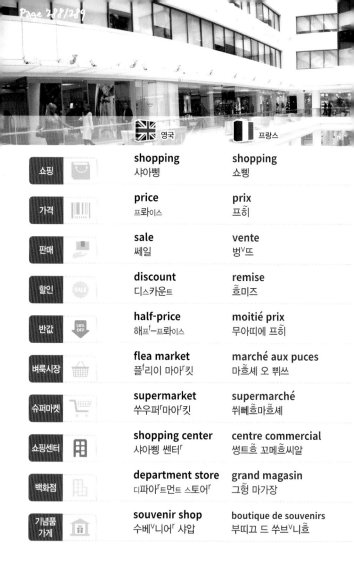

		🇬🇧 영국	🇫🇷 프랑스
쇼핑		**shopping** 샤아삥	**shopping** 쇼삥
가격		**price** 프라이스	**prix** 프히
판매		**sale** 쎄일	**vente** 벙ᵛ뜨
할인		**discount** 디스카운트	**remise** 흐미즈
반값		**half-price** 해프ᶠ-프라이스	**moitié prix** 무아띠에 프히
벼룩시장		**flea market** 플ᶠ리이 마아ʳ킷	**marché aux puces** 마흐셰 오 쀠쓰
슈퍼마켓		**supermarket** 쑤우퍼ʳ마아ʳ킷	**supermarché** 쉬뻬흐마흐셰
쇼핑센터		**shopping center** 샤아삥 쎈터ʳ	**centre commercial** 썽트흐 꼬메흐씨알
백화점		**department store** 디파아ʳ트먼트 스토어ʳ	**grand magasin** 그헝 마가장
기념품 가게		**souvenir shop** 수베ᵛ니어ʳ 샤압	**boutique de souvenirs** 부띠끄 드 쑤브ᵛ니흐

🇪🇸 스페인	🇮🇹 이탈리아	🇩🇪 독일
compras 꼼쁘라쓰	shopping 셥뻥	Einkaufen 아인카우펜f
precio 쁘레씨오	prezzo 쁘래쪼	Preis 프라이스
venta 벤따	vendita 벤v디따	Verkauf 페f어카우프f
descuento 데쓰꾸엔또	sconto 스콘또	Rabatt 라밧트
mitad de precio 미땃 데 쁘레씨오	metà prezzo 메따 쁘래쪼	halber Preis 할버 프라이스
mercadillo 메르까디요	mercato delle pulci 메르까또 델레 뿔치	Flohmarkt 플f로마아크트
supermercado 쑤뻬르메르까도	supermercato 수뻬르메르까또	Supermarkt 수퍼마아크트
centro comercial 쎈뜨로 꼬메르씨알	centro commerciale 첸뜨로 꼼메르챨레	Einkaufszentrum 아인카우프f스쩬트룸
grandes almacenes 그란데쓰 알마쎄네쓰	grande magazzino 그란데 마가찌노	Kaufhaus 카우프f하우스
tienda de regalos 띠엔다 데 ㄹ~에갈로쓰	negozio di souvenir 네거치오 디 수베v니어	Souvenirgeschäft 수베v니어게쉐프f트

영수증
좀 주세요.

영어

Can I have the receipt?

캔 아이 해브ᵛ 더 뤼쓰이이트?

할 수 있다 나 가지다 그 영수증?

프랑스어

Pourrais- je avoir le reçu, s'il vous plaît?

뿌헤 쥬 아부ᵛ아흐 을르 흐쒸, 씰 부ᵛ 쁠레?

할 수 있다 나 가지고 있다 그 영수증, 부탁합니다?

스페인어

¿Puedo tener el recibo?

¿뿌에도 떼네르 엘 ㄹ~에씨보?

할 수 있다 (나) 가지다 그 영수증?

이탈리아어

Posso avere la ricevuta?

뽀쏘 아베ᵛ레 을라 리체부ᵛ따?

할 수 있다 (나) 가지다 그 영수증?

독일어

Kann ich die Rechnung haben?

칸 이히 디 ㄹ에히눙 하벤?

할 수 있다 나 그 영수증을 가지고 있다?

환불하고 싶어요.

I want a refund.
아이 원트 어 뤼펀ᶠ드.
나 원하다 하나의 환급.

영어

Je voudrais être remboursé.
쥬 부ᵛ드헤 에트ʰ 헝부ʰ쎄.
나 원하다 ~이다 돈을 돌려받다.

프랑스어

Quiero un reembolso.
끼에로 운 ㄹ~에엠볼쏘.
(나) 원하다 하나의 환급.

스페인어

Voglio un rimborso.
벌ᵛ료 운 림보ㄹ소.
(나) 원하다 하나의 환급.

이탈리아어

Ich möchte eine Rückerstattung.
이히 뫼히테 아이내 휔에어슈탓퉁.
나 원하다 하나의 환급을.

독일어

		🇬🇧 영국	🇫🇷 프랑스
돈	💲	**money** 머니	**argent** 아흐정
현금		**cash** 캐쉬	**espèce** 에스뻬쓰
동전		**coin** 코인	**pièce** 삐에쓰
거스름돈		**change** 췌인쥐	**monnaie** 모네
카드		**card** 카아드	**carte** 까흐뜨
영수증		**receipt** 뤼쓰이잇	**reçu** 흐쒸
청구서		**bill** 비일	**facture** 팍뛰흐
요금		**fee** 피이	**prix** 프히
세금		**tax** 택쓰	**impôt** 앙뽀

스페인	이탈리아	독일
dinero 디네로	**soldi** 설디	**Geld** 겔트
efectivo 에펙'띠보	**contante** 콘딴떼	**Kasse** 카쎄
moneda 모네다	**moneta** 모네따	**Münze** 뮌쩨
cambio 깜비오	**cambio** 캄뵤	**Veränderung** 페'어앤더룽
tarjeta 따르헤따	**carta di credito** 카르따 디 크레디또	**Karte** 카아테
recibo 레씨보	**ricevuta** 리체부ᵛ따	**Beleg** 벨랙
factura 팍뚜라	**scontrino** 스콘뜨리노	**Rechnung** 레히눙
cuota 꾸오따	**commissione** 콤미씨오네	**Gebühr** 게뷔어
impuesto 임뿌에쓰또	**tassa** 따싸	**Steuer** 슈토이어

더 필요한 것
있어요?

181

 영어	**Anything else?** 애니띵th 엘쓰? 무엇이든 다른?
 프랑스어	**Autre chose?** 오트̃흐 쇼즈? 다른 것?
 스페인어	¿Alguna otra cosa? ¿알구나 오뜨라 꼬싸? 어느 다른 것?
 이탈리아어	**Qualcos'altro?** 꽐코살뜨로? 다른 어떤 것?
 독일어	**Noch etwas?** 노̃흐 에트바^v스? 또 어떤 것?

그게 다예요.

That is all.
대th트 이즈 어얼.
그것 ~이다 전부.

영어

C'est tout.
쎄 뚜.
그것 ~이다 전부.

프랑스어

Es todo.
에쓰 또도.
(그것) ~이다 전부.

스페인어

È tutto.
애 뚜또.
(그것) ~이다 전부.

이탈리아어

Das ist es.
다스 이스트 에스.
그것 ~이다 그것.

독일어

295

일상표현

비상상황

비행

교통 (길 찾기)

숙박

식사

쇼핑

관광

PART
08 관광

환영합니다.

영어	**Welcome.** 웰컴. 환영합니다.
프랑스어	**Bienvenue.** 비앙브ᵛ뉘. 환영합니다.
스페인어	Bienvenido. 비엔베니도. 어서 오다.
이탈리아어	**Benvenuto.** 벤베ᵛ누또. 어서 오십시오.
독일어	**Herzlich willkommen.** 헤어쯜리히 빌ᵛ콤맨. 진정한 환영받는.

어디에서
표를 살 수 있나요?

Where can I buy tickets?
웨어ʳ 캔 아이 바이 티킷츠?
어디 할수있다 나 사다 표들?

영어

Où est-ce que je peux acheter des tickets?
우 에쓰끄 쥬 쁘 아슈떼 데 띠께?
어디 의문 나 할수있다 사다 몇개의표들?

프랑스어

¿Dónde puedo comprar las entradas?
¿돈데 뿌에도 꼼쁘라르 을라쓰 엔뜨라다쓰?
어디 할수있다 사다 그 입장표들?

스페인어

Dove posso comprare i biglietti?
도베ᵛ 뻐쏘 콤쁘라레 이 빌래띠?
어디 할수있다 사다 그 표들?

이탈리아어

Wo kann ich Tickets kaufen?
보ᵛ 칸 이히 티켓츠 카우펜ᶠ?
어디에서 할수있다 나 표들을 사다?

독일어

안내 책자 좀
받을 수 있을까요?

185

영어

Can I get a brochure?
캔 아이 겟 어 브뤄우슈어ʳ?

할 수 있다 나 취하다 하나의 안내 책자?

프랑스어

Une brochure, s'il vous plaît.
윈 브호쉬흐, 씰 부ᵛ 쁠레.

하나의 안내 책자, 부탁합니다.

스페인어

¿Puede darme un folleto?
¿뿌에데 다르메 운 포ᶠ예또?

할 수 있다 (당신) 주다(나에게) 하나의 안내 책자?

이탈리아어

Mi può dare un opuscolo?
미 뿨 다레 운 오뿌스콜로?

나에게 할 수 있다 (당신) 주다 하나의 안내 책자?

독일어

Kann ich eine Broschüre bekommen?
칸 이히 아이내 브로쉬레 베콤먼?

할 수 있다 나 하나의 안내 책자를 받다?

학생 할인
되나요?

8 관광

Do you have a student discount?

두우 유우 해브ᵛ 어 스튜우던트 디스카운트?

<small>하다 너 가지고 있다 하나의 학생 할인?</small>

 영어

Est ce qu'il y a un tarif étudiant?

에쓰 낄 이 아 앙 따히프ᶠ 에뛰디엉?

<small>의문 ~이 있다 하나의 요금 학생?</small>

프랑스어

Tienen descuentos para estudiantes?

띠에넨 데쓰꾸엔또쓰 빠라 에쓰뚜디안떼쓰?

<small>(당신들) 가지고 있다 할인 ~을 위한 학생들?</small>

 스페인어

Avete sconti per studenti?

아베ᵛ테 스꼰티 페르 스투덴티?

<small>(당신들) 가지고 있다 할인 ~을 위해 학생들?</small>

이탈리아어

Haben Sie Studentenrabatt?

하벤 지 슈투덴텐라̃밧트?

<small>가지고 있다 당신 학생 할인?</small>

 독일어

301

축제가
있습니까?

영어

Is there a festival?
이즈 데어^r 어 페^f스티벌^v?
~이다 그곳에 하나의 축제?

프랑스어

Il y a des fêtes?
일 이 아 데 페^f뜨?
~이 있다 몇 개의 축제들?

스페인어

¿Hay un festival?
¿아이 운 페^f쓰띠발?
~이 있다 하나의 축제?

이탈리아어

C'è un festival?
채 운 페^f스띠발^v?
~이 있다 축제?

독일어

Gibt es ein Fest?
깁트 에스 아인 페^f스트?
주다 그것 하나의 축제가?

언제부터
언제까지요?

From when until when?

프^f롬 웬 언틸 웬?

~부터 언제 ~까지 언제?

영어

De quand à quand?

드 껑 아 껑?

~의 언제 ~까지 언제?

프랑스어

¿Desde cuándo hasta cuándo?

¿데쓰데 꾸안도 아쓰따 꾸안도?

~부터 언제 ~까지 언제?

스페인어

Da quando a quando?

다 꾸안도 아 꾸안도?

~로부터 언제 언제까지?

이탈리아어

Von wann bis wann?

폰^f 반^v 비스 반^v?

~부터 언제 ~까지 언제?

독일어

303

**성함이
어떻게 되세요?**

영어

What is your name?

왓 이즈 유어ˡ 네임?

무엇 ~이다 너의 이름?

프랑스어

Comment vous appelez-vous ?

꼬멍 부ᵛ (ㅈ)아쁠레 부ᵛ?

어떻게 당신(들) 부르세요 당신(들)?

스페인어

¿Cómo te llamas?

¿꼬모 떼 야마쓰?

어떻게 너 스스로를 부르다?

이탈리아어

Come ti chiami?

코메 띠 까미?

어떻게 너를 부르다?

독일어

Wie heißen Sie?

비ᵛ 하이쎈 지?

어떻게 불리다 당신?

304

어디서
오셨어요?

Where Are you from?
웨어ʳ 아ʳ 유우 프ʳ롬?
어디 ~이다 너 ~부터?

영어

Vous venez d'où?
부ᵛ 브ᵛ네 두?
당신(들) 옵니까 ~로부터 어디?

프랑스어

¿De dónde eres?
¿데 돈데 에레쓰?
~에서부터 어디 ~이다 (너)?

스페인어

Da dove vieni?
다 도베ᵛ 베ᵛ니?
~로부터 어디 오다 (너)?

이탈리아어

Woher kommen Sie?
보ᵛ헤어 콤맨 지?
어디에서 오다 당신?

독일어

그게 언제인데?

영어

When is it?
웬 이즈 이트?
언제 ~이다 그것?

프랑스어

C'est quand?
쎄 껑?
그것 ~이다 언제?

스페인어

¿Cuándo es?
¿꾸안도 에쓰?
언제 (그것) ~이다?

이탈리아어

Quando è?
꾸안도 애?
언제 (그것) ~이다?

독일어

Wann ist es?
반ᵛ 이스트 에스?
언제 ~이다 그것?

얼마나 걸립니까?

How long will it take?
하우 을로옹 윌 이트 테이크?

얼마나 길게 할 것이다 그것 걸리다?

영어

Ça prend combien de temps?
싸 프헝 꽁비앙 드 떵?

그것 걸리다 얼마나 ~의 시간?

프랑스어

¿Cuánto tiempo tardará?
¿꾸안또 띠엠뽀 따르다라?

얼마나 시간 ~걸릴 것이다?

스페인어

Quanto tempo ci vorrà?
꽌또 땜뽀 치 보ᵛ르~라?

얼마나 시간 우리 걸리다?

이탈리아어

Wie lange wird es dauern?
비ᵛ 을랑에 비ᵛ어트 에스 다우언?

얼마나 오래 할 것이다 그것 걸리다?

독일어

		🇬🇧 영국	🇫🇷 프랑스
시간 (24)		**hour** 아우워ʳ	**heure** 외흐
아침		**morning** 모어ʳ닝	**matin** 마땅
낮		**day** 데이	**jour** 쥬흐
오후		**afternoon** 애프ʳ터ʳ누운	**après-midi** 아프헤 미디
저녁		**evening** 이이브ᵛ닝	**soir** 쑤아흐
밤		**night** 나잇	**nuit** 뉘이
어제		**yesterday** 예스떠ʳ데이	**hier** 이에흐
오늘		**today** 투데이	**aujourd'hui** 오주흐뒤이
내일		**tomorrow** 터마아뤄우	**demain** 드망
매일		**everyday** 에브ᵛ뤼데이	**tous les jours** 뚜 을레 주흐

스페인	이탈리아	독일
hora 오라	ora 오라	Stunde 슈툰데
mañana 마냐나	mattina 마띠나	Morgen 모어겐
día 디아	giorno 죠르노	Tag 탁
tarde 따르데	pomeriggio 뽀메리쬬	Nachmittag 나흐밑탁
tarde 따르데	sera 쎄라	Abend 아벤트
noche 노체	notte 너떼	Nacht 나흐트
ayer 아예르	ieri 얘리	gestern 게스턴
hoy 오이	oggi 어찌	heute 호이테
mañana 마냐나	domani 도마니	morgen 모어겐
todos los días 또도쓰 을로쓰 디아쓰	tutti i giorni 뚜띠 이 죠르니	täglich 태글리히

		🇬🇧 영국	🇫🇷 프랑스
월요일		**Monday** 먼데이	**lundi** 을랑디
화요일		**Tuesday** 튜우즈데이	**mardi** 마흐디
수요일		**Wednesday** 웬즈데이	**mercredi** 메흐크흐디
목요일		**Thursday** 떠th어r즈데이	**jeudi** 죄디
금요일		**Friday** 프f롸이 데이	**vendredi** 벙v드흐디
토요일		**Saturday** 쌔터r데이	**samedi** 쌈디
일요일		**Sunday** 썬데이	**dimanche** 디멍슈
휴일		**holiday** 하알러데이	**jour férié** 주흐 페f히에

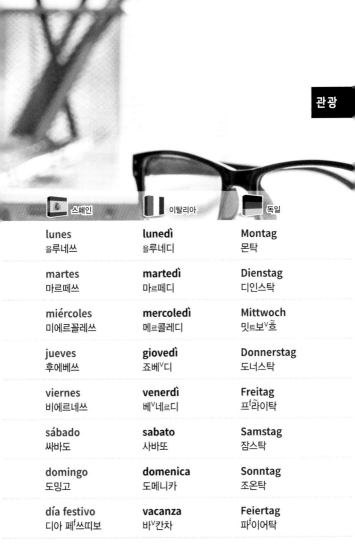

🇪🇸 스페인	🇮🇹 이탈리아	🇩🇪 독일
lunes 을루네쓰	**lunedì** 을루네디	**Montag** 몬탁
martes 마르떼쓰	**martedì** 마르떼디	**Dienstag** 디인스탁
miércoles 미에르꼴레쓰	**mercoledì** 메르콜레디	**Mittwoch** 밋트보ᵛ흐
jueves 후에베쓰	**giovedì** 죠베ᵛ디	**Donnerstag** 도너스탁
viernes 비에르네쓰	**venerdì** 베ᵛ네르디	**Freitag** 프f라이탁
sábado 싸바도	**sabato** 사바또	**Samstag** 잠스탁
domingo 도밍고	**domenica** 도메니카	**Sonntag** 조온탁
día festivo 디아 페쓰띠보	**vacanza** 바ᵛ칸차	**Feiertag** 파f이어탁

DO YOU SPEAK 영어 ENGLISH 할 줄 알아요?

영어

Do you speak English?

두우 유우 스피이크 잉글리쉬?

하다 너 말하다 영어?

프랑스어

Parlez-vous anglais?

빠흘레 부ᵛ 엉글레?

말하다 당신(들) 영어?

스페인어

¿Hablas inglés?

¿아블라쓰 잉글레쓰?

(너) 말하다 영어?

Parli inglese?

빠를리 인클레세?

이탈리아어

(너) 말하다 영어?

독일어

Können Sie Englisch sprechen?

쾬낸 지 앵글리쉬 슈프레히엔?

할 수 있다 당신 영어를 말하다?

천천히
말해주실 수 있나요?

관광

Can you speak slowly?
캔 유우 스피이크 슬로울리?

<small>할 수 있다 너 말하다 천천히?</small>

영어

Pouvez-vous parler lentement, s'il vous plaît?
뿌베ᵛ 부ᵛ 빠흘레 을렁뜨멍, 씰 부ᵛ 쁠레?

<small>할 수 있다 당신(들) 말하다 천천히, 부탁합니다?</small>

프랑스어

¿Puedes hablar más despacio?
¿뿌에데쓰 아블라르 마쓰 데쓰빠씨오?

<small>할 수 있다 (너) 말하다 더 천천히?</small>

스페인어

Puoi parlare più lentamente?
뿨이 빠를라레 쀼 을렌따멘떼?

<small>할 수 있다 (너) 말하다 더 천천히?</small>

이탈리아어

Können Sie langsamer reden?
쾬낸 지 을랑잠어 레덴?

<small>할 수 있다 당신 더 천천히 말하다?</small>

독일어

313

195
영어를 못 해요.

영어

I don't speak English.
아이 더운트 스피이크 잉글리쉬.
나 부정 말하다 영어.

프랑스어

Je ne parle pas anglais.
쥬 느 빠흘르 빠 엉글레.
나 부정 말하다 부정 영어.

스페인어

No hablo inglés.
노 아블로 인글레쓰.
부정 (나) 말하다 영어.

이탈리아어

Non parlo inglese.
논 빠를로 인글레세.
부정 (나) 말하다 영어.

독일어

Ich kann Englisch nicht sprechen.
이히 칸 앵글리쉬 니히트 슈프레헨.
나 할 수 있다 영어 부정 말하다.

196
사진 좀 찍어 주세요.

Take a picture, please.
테이크 어 픽쳐^{r}, 플리이즈.
취하다 하나의 사진, 부탁합니다.
영어

Pouvez-vous me prendre en photo?
뿌베^{V} 부^{V} 므 프헝드흐 엉 포^{f}또?
할 수 있다 당신(들) 나 갖다 ~에 사진?
프랑스어

¿Puede sacarme una foto, por favor?
¿뿌에데 싸까르메 우나 포^{f}또, 뽀르 파^{f}보르?
할 수 있다 (당신) 찍다(나를) 하나의 사진, 부탁합니다?
스페인어

Mi scatti una foto, per favore?
미 스카띠 우나 퍼^{f}또, 뻬르 파^{f}보^{V}레?
나를 찍다 하나의 사진, 부탁합니다?
이탈리아어

Machen Sie ein Foto, bitte.
마헨 지 아인 포^{f}토, 빝테.
만들다 당신 하나의 사진을, 부탁합니다.
독일어

197
치즈!
(사진 찍을 때)

영어

Say cheese!
쎄이   치이즈!
말하다   치~즈!

프랑스어

Ouistiti!
우이쓰띠띠!
우이스띠띠(원숭이의 한 종류)!

스페인어

¡Digan patata!
¡디간   빠따따!
말하다   감자!

이탈리아어

Sorridete! Cheese!
쏘르~리데떼! 치스!
미소를 지어라! 치즈!

독일어

Bitte lächeln!
빝테   을래히엘른!
부탁합니다   미소 짓다!

316

여기서 사진 찍으면 안 돼요.

관광

You cannot take pictures here.

유우 캐나앗 테이크 픽쳐「스 히어「.

너 할 수 없다 취하다 사진들 여기서.

영어

Vous ne pouvez pas prendre de photo ici.

부ˇ 느 뿌베ˇ 빠 프헝드흐 드 포「또 이씨.

당신(들) 부정 할 수 있다 부정 갖다 사진의 여기에.

프랑스어

No puede sacar fotos aquí.

노 뿌에데 싸까르 포「또쓰 아끼.

부정 할 수 있다 (당신) 찍다 사진들 여기.

스페인어

È vietato fotografare.

애 비ˇ에타토 퍼「또그라파「레.

(그것) ~이다 금지된 사진을 찍다.

이탈리아어

Sie dürfen hier nicht fotografieren.

지 뒤어펜「 히어 니히트 포「토그라피「어렌.

당신 가능하다 여기 부정 사진 찍다.

독일어

서둘러!

영어

Hurry up!
허어뤼 어프!
서두르다!

프랑스어

Dépêche-toi!
데뻬슈 뚜아!
서둘러 너!

스페인어

¡Date prisa!
¡다떼 쁘리싸!
줘라(너에게) 서두름!

이탈리아어

Fai in fretta!
파ᶠ이 인 프ᶠ레따!
하다 ~에 서두름!

독일어

Beeil dich!
베아일 디히!
서둘러라 너를!

200
가자!

Let's go!
을렛츠 고우!
하자 가다!

영어

Allons-y!
알롱 (ㅈ)이!
가자 그곳에!

프랑스어

¡Vámonos!
¡바모노씨!
가자!

스페인어

Andiamo!
안댜모!
가자!

이탈리아어

Gehen Wir!
게에엔 / 비ᵛ어!
가다 / 우리!

독일어